SV

Uwe Johnson
Heute Neunzig Jahr

Aus dem Nachlaß
herausgegeben
von Norbert Mecklenburg

Suhrkamp

Erste Auflage 1996
© Suhrkamp Verlag Frankfurt am Main 1996
Alle Rechte vorbehalten
Satz und Druck:
MZ-Verlagsdruckerei GmbH, Memmingen
Printed in Germany

Uwe Johnson
Heute Neunzig Jahr

Auswendig gelernt, die äussere Kruste des Gewesenen, gezwängt in die Kette der Jahre, die zurückrasselt in den Brunnen. Statt der Wahrheit Wünsche an sie, auch Gaben von der Katze Erinnerung, dem Gewesenen hinterher schon durch die Verspätung der Worte, nicht wie es war, bloss was ich davon finden konnte: 1888. 1938. 1968. Damals.

1888, am 10. Oktober, meldete ein Stellmacher Herrn von Bobzin die Geburt eines männlichen Kindes, auf einem Rittergut im Mecklenburgischen, zwischen Fleesensee und Müritz, auf dem Lande, gleich weit von Malchow und Röbel, naem' S' mi nich oevel, wo die germanisierten Slawen hausten, nach Meyers Wissenswertem vom nächsten Jahr. Der Tag wurde von der Herrschaft begangen, weil einmal am 10. Oktober in der Residenz ein Kind als Herzog Adolf Friedrich auf die Welt gekommen war. Wo sall de Jung denn heiten, näum' S' em Johann, hei kümmt ja doch bi de Pier. Auf Johann Heinrich Cresspahl wurde das Kind getauft, in Demut nach dem herrschaftlichen Befehl, in Trotz nach dem Vater. Der Junge wurde mit seinem zweiten Namen gerufen, er sollte nicht zu den Pferden. Den alten Cresspahl, seine Berta, geborene Niemann, habe ich versäumt. Von ihnen gibt es nur die Kalligraphie der Amtsschreiber, keinen Brief, keine Fotografie. Sie sind welche, die sprechen nicht mit mir. Hätte ich sie gesucht zur rechten Zeit. Ick naem't mi oevel. Nach Büchern, von Bildern habe ich Anblicke von Katen, die abseits von Park und Herrenhaus in lahmem Fachwerk hingen, den schiefen Fenstern, über den Brettertüren die Gitter, die das brennende Stroh auffangen sollten, aber vielleicht lebten die Cresspahls nicht mit Schwein und Ziege unter einem Dach, denn mochte der Rademacher die Mütze ziehen müssen vor der gutsherrlichen Familie, vor Inspektor und Volontär und Gutsförster und Statthalter und Gouvernante, er bekam mehr als die Pferdeknechte, Tagelöhner, Hofgänger, er mag eine Döns gehabt haben wie ein Bauer, mit einem Fussboden aus Holz statt blankem Lehm, auch Stühle zu den Bänken am langen Tisch, eine Standuhr und »ein hochaufgetürmtes Ehebette, bei Festlichkeiten mit farbigen Schleifen besteckt, öfters, besonders südlich, mit Gardinen...«. An der Wand die hölzernen Löffel, auch ein rot und blau gemaltes Gesimse für Bibel, Gesangbuch und den Grossherzoglich Mecklenburg-Schwerinschen und Mecklenburg-Strelitzschen Kalender auf das Jahr Christi 1888, welches ein Schaltjahr von 366 Tagen ist. Mit Bildern und dem Motto: *Wenn Einer dauhn deiht, wat hei deiht, / Denn kann hei nich mihr dauhn, as hei deiht.* Wenn die geborene Niemann oder der alte Cresspahl zu lesen verstanden, konnten sie dem Kind daraus vorsingen Wat för den Lüttsten: *Bukauh von Halberstadt / Bring' min lütten Jungen wat. / Wat sall ick em denn bringen? / Poor goll'ne Schau mit Ringen / Dor kann hei recht mit springen.* Der Sonnenkäfer trug die goldenen Schuhe zu anderen Wiegen als dieser, grosse Sprünge waren nicht vorauszusehen unter dem ritterschaftlichen Polizeiamt und der Gnade Friedrich Franz III., Grossherzog von Mecklenburg, Fürst zu Wenden, Schwerin und Ratzeburg, auch Graf von Schwerin, der Lande Rostock und Stargard Herr. Es war ein Land, daraus liefen die Arbeiter fort, an die Hunderttausend in fünfzig Jahren, ein Sechstel des Staatsvolkes, da hatte der Mecklenburgische Patriotische Verein schon 1855 vergeblich John Brinckmans »Fastelabendsprärig« als Flugblatt verteilen lassen: *Jehann, bliw hir, – bliw hir, Jehann! / Wat wisst du in Amerika!... / Du seggst, dat du hir racken möhst / Un slawen möhst, Jor in Jor ut, – / Dat in dat Dörp kein Pird du weisst, / So låt noch 'ran, so tirig 'rut; / Wat du ok in dei Sälen liggst, / Di awmarachst un an di spannst, – / Wer weit, wennir du Hüsung kriggst, / Wer weit, wennir du frigen kannst.* Mecklenburger vom Gesinde durften nicht ohne Erlaubnis der Dienstherrschaft aus dem Haus, vom Hof. Überschreiten der gesetzten Zeit war ein Vergehen. Verweise ihrer Herren sollten sie bescheiden und ohne Widerrede hinnehmen. Wer ungeschickt arbeitete, gegen ein Verbot tanzen ging oder ins Wirtshaus, wer sich ungebührlich aufführte, die Arbeit hinschmiss, den Gehorsam verweigerte oder den Dienst verliess: sie alle bekamen vom Herrn ohne Gerichtsverhandlung Geldstrafen (Abzüge vom Lohn), auch Haft. Wer aus dem Dienst fortlief, den führte die Gendarmerie zurück. Anzeigen der Gutsbesitzer in den Mecklenburger Nachrichten warnten Kollegen, einen namentlich genannten Knecht oder ein ebenso beschriebenes Mädchen in Dienst zu nehmen, sintemalen die Beschuldigten des Kontraktbruches überführt. *Riden un rowen dat wir kein Schand, dat ded dei Adel in 'n ganzen Land.* Schlug die Herrschaft einem Paar das Recht zur Niederlassung ab, kam ein Kind unehelich zur Welt, dann liess ein Respekt vor der Religion nur noch den Weg über das weite Wasser; es konnten aus Brasilien kaum andere als günstige Nachrichten nach Mecklenburg kommen. Zwar die Cresspahls zogen nicht am 24. Oktober, auch wäre vielleicht ihr Dienstabgangszeugnis von der Art gewesen, ihnen eine neue Stelle zu verschaffen, aber ich nehme es zurück, das hochaufgetürmte, das bebänderte Bettgestelle; die Wiege wird als Korb vom Balken gehangen haben. Bekannt ist 1888 als das Dreikaiserjahr. Im September wurde von Warnemünde nach Gjedser ein Telegraphenkabel gelegt, das kostete zweihunderttausend Mark. In Rostock liess die Aktiengesellschaft für Schiffs- und Maschinenbau, die spätere »Neptun«, ihr hundertstes Schiff vom Stapel laufen. Durch Malchow fuhr seit dreidreiviertel Jahren die Mecklenburgische Südbahn Ludwigslust-Neubrandenburg, im

Besitz und betrieben von der Bachstein-Gesellschaft, Sitz Berlin. Im Februar hatte der Kanzler des Deutschen Reiches, Otto von Bismarck, im Reichstag dargetan: *Wir Deutsche fürchten Gott, aber sonst nichts auf der Welt.* Wegen der kaiserlichen Wehrvorlage. Im Falle eines Weltunterganges plante von Bismarck nach Mecklenburg zu übersiedeln, weil dort alles dreihundert Jahre später eintreffe. Lenin war achtzehn Jahre alt, Stalin acht, Franklin Delano Roosevelt sechs, Churchill dreizehn, Einstein neun, Hitler war fällig im nächsten Jahr. Bukauh von Halberstadt / Bring min lütten Jungen wat.

1889 nimmt der Reichstag die Alters- und Invalidenversicherung an, Bismarcks »Staatssozialismus«, aber seinem Sozialistengesetz verweigert er 1890 die Verlängerung, erstmals erreicht die S.P.D. über eine Million Stimmen, die Arbeitervereine dürfen ungestraft von neuem ihr Bundeslied singen (in Mecklenburg erst ab 1908): *Mann der Arbeit, aufgewacht! / Und erkenne deine Macht! / Alle Räder stehen still, / Wenn dein starker Arm es will...*, Bergarbeiterstreik in den Revieren von Ruhr, Saar und Waldenburg, auch wird Bismarck von Bord gewiesen. Nachfolger Caprivi verlängert den Rückversicherungsvertrag mit den Russen nun gerade nicht. Die mecklenburg-schwerinsche Regierung kauft einige Eisenbahnen im eigenen Lande auf, 57 Millionen Mark, sie errichtet eine Grossherzogliche General-Eisenbahndirektion; auf der Strecke Neustrelitz-Warnemünde-Gjedser operiert weiterhin die Société Belge, Bruxelles. In den Reichstagswahlen 26,4 % der mecklenburgischen Stimmen für die Sozialdemokraten. 1891 eröffnet imperialistisches Expansionsstreben die Sibirische Eisenbahn, alles wie wir es gelernt haben. Im Oktober hält die S.P.D. ihren Erfurter Parteitag, dessen Vorzüge (gegenüber dem Gothaer) wir auswendig lernen mussten, mehr noch dessen »Schwächen und Fehler«: Die

Diskussion über die Diktatur des Proletariats war mangelhaft. (Eine Abschaffung der Gesindeordnung kam korrekt zur Sprache.) 1891 weiss Einer, was kommt: *Ich führe euch herrlichen Zeiten entgegen!* 1892 rächt sich das russische Kabinett am deutschen und schliesst eine Militärkonvention mit der französischen Republik; der Zar hat ein Jahr zuvor im Hafen von Kronstadt die Marseillaise anhören müssen. Für 1893 fehlt mir alles, da war ich wohl am Schulbesuch verhindert. Dazwischen ein meist barfüssiges Kind in sanft gewelltem, mässig bewaldetem Gelände. Ein ritterschaftliches Amt südwestlich von Malchow. Sandwege, Schleichpfade in der Forst, ein Teich am Gut, der See im Dorf der Bauern; nach dem Blatt 183 der Königl. Preuss. Landesaufnahme (von 1882). Die barften Beine darf ich annehmen; mehr wäre blosse Behauptung. 1894 setzt Willy II. den Grafen Caprivi aus dem Amt. Der hatte den Nachbarn des Reiches ein Angebot machen wollen, als er Bismarcks hohe Schutzzölle herabsetzte, da schränkt England seine Orders ein, die mecklenburgischen Grossgrundbesitzer bleiben sitzen auf ihren Kornernten und lassen ihre Geldsorgen wild aus am Gesinde, wiederum wandern Mecklenburger aus in Schwüngen in die Gegend westlich vom Hafen New York, abermals kann kein Poet sie halten. *Denn sittst vilicht, wer weit wo bald / Du ok, verraden un verköfft / In son'n amerikanschen Wald ...* 1894. Zweibund Russland – Frankreich. Nikolaus II. wird Zar aller Russen. Ein Kind in schwarzen, knielangen Hosen, einem zerschlissenen Hemd ohne Bund; das darf ich sehen. Uneben geschnittene weisse Haare, fest gegen den Boden gestemmte Beine; es wäre ja erfunden. Ein Kind, das die Tiere und Vögel belauscht, ihrer Sprache kund. Sau und Ferkel unterhalten sich: Ick wull, dat 'k nich geburen wier. Un ick un ick un ick. – Stargard sall afbrennen: forderte die Ente. – Potz dusend zackerloot: erstaunt sich der Hahn. – Wo sühst du ut? muss man den

Kiebitz fragen, dann antwortet er: Krid'witt, krid'witt! Kreideweiss; nämlich unten am Bauch. Was mögen die Eltern ihm erzählt haben von der Welt? 1806 lieferten die Franzosen den Mittenwalder Jägern ein Gefecht in der Nossentiner Heide, dichte bei. Der Hexenbaum von Ulrichshusen, dichte bei. Das heilige Blut von Sternberg, dem zu Ehren 25 Juden und 2 Jüdinnen verbrannt wurden. Erzählungen aus der mecklenburgischen Geschichte für Schule und Haus von Adolf Pentz, Pastor zu Jabel an der Nossentiner Heide, 1880. Wie haben sie ihn zur Schule geschickt? Ene mene Dintenfatt, gah nar School, denn liehrst du wat. Oder: Låt se wat leren, låt se bookstaveren, låt se den Puckel blau verhören! Erst einmal kam Adebor, min Bester, un bröcht em ne lütte Süster.

1894 kam er in die Schule, pünktlich, denn die ländlichen Winterschulen begannen erst Ende Oktober, der Kartoffelernte zuliebe. Das Hauptfach war die Furcht des Herrn und seines Stellvertreters von Bobzin, dem die Erziehung unterstand wie Obervormundschaft, Erbsachen, das Armenwesen, Wegebau und Entwässerung, Feuerwehr, Niederlassung, Hebammenfürsorge, Nachtwächter und Begräbnisse. Wenn der Herr nicht selber zuschlug mit der Peitsche, brauchte er bloss dem Lehrer einen Wink zu geben, beseihn S' em mal dat Speigatt, dann rief der bei jedem Schlag: Ick-will-di-mo-rit-zen-liehrn, die Mores lehren. Die Höltentüffelschaul, einklassig. *Auf ein Gemüt von Adel / Wirkt schon ein leichter Tadel, / Vergebens durchgebläut / Wird stumpfe Niedrigkeit.* Aber die Kinder der Herrschaft bekamen ihren Unterricht im Schloss, von einer demütigen Gouvernante, bis sie auf die städtischen Gymnasien gegeben wurden. Genealogische Daten gehörten zum Lehrstoff, nicht aber die alljährlichen Reisen des Grossherzogs nach Cannes, Côte d'Azur, zu seiner ihm dortselbst erbauten »Villa Wenden«. République Française. Wie Mecklenburg-Schwerin eingeteilt ist, wohl, Domanium, Ritterschaft, Städte, durcheinander zersplittert, nicht jedoch, dass die Ritterschaft nur für die Hälfte ihres Besitzes Steuer zahlt, mit der Ausrede, die andere Hälfte sei ja Bauernland, wiewohl gelegtes. Das mecklenburgische Wappen in einfacher Gestalt ist ein Stierkopf; das vollständige Wappen besteht aus sechs Feldern und einem Mittelschilde. Es erinnert an die sieben Landesteile, aus denen im Laufe der Zeiten unser Vaterland erwachsen ist. Es wird von einem Stier und einem Greif gehalten und ist mit der Königskrone geschmückt. Auf goldenem Grunde ein schrägliegender Stierkopf mit silbernen Hörnern und goldener Lilienkrone, aber mit geschlossenem Maule, was ist das? *Gott segne Friedrich Franz / Und seiner Krone Glanz / Trübe sich nie.* Die Sprache des Unterrichts war eigens zu erlernen, eine fremde: Hochdeutsch.

1895 hatten die Bobzins eine Wahl. Entweder fehlten ihnen Tagelöhnermädchen auf den Feldern, oder ihnen ging im Haus Bedienung ab. Sie entschieden sich für den Verkauf und sollen dann in der Residenz gelebt haben wie die anderen Fetthammel, die Domänenpächter, die ihren Ruhestand in Schwerin verbrachten. Die neue Herrschaft waren die von Haases, allerjüngster Adel von der männlichen, tiefschwarzer, überdies mecklenburgischer von der weiblichen Seite her. Die dachten anfangs bloss Bargeld anzulegen, verbrachten die unfreundlichen Jahreszeiten in Berlin und im Tirolischen; oft stieg dem Inspektor das Wachstum seiner Macht ins Gehirn. Er konnte sich in solche Wut bölken, die Leute hatten weniger Angst vor ihm, als um ihn. Jedoch war von Haase ein Mann des Geschäftes, er half dem Leutemangel auf dem Gut ab mit Säe-, Mäh-, Häcksel-, Dreschmaschinen, mit Rübenschneidern und am Ende sogar einem Dampflokomobil, so dass der Inspektor fortgelobt werden durfte und mein Vater die Welt auch buchstabieren lernte an Firmennamen aus LEEDS, aus SHEFFIELD. Jedoch war von Haase seinem Kaiser dankbar ergeben und liess zwei Badezimmer ins Schloss bauen, denn Willy II. oblag obendrein einem englischen Tic, weswegen er nur in Häusern von sanitärem Luxus zu Gast kam, nun konnte es doch so sich fügen ... Allerdings floss das Wasser im Haus nur an einer Stelle, aus der Pumpe in der Küche, dort musste es auch gewärmt werden; wenn die Hausmädchen die Treppen hinauf-, die Treppen herunterliefen mit den schweren Kannen, fehlten sie an anderen Ekken und Enden des Hauses. In einer anderen sanitären Errungenschaft musste von Haase zurückstecken; weiterhin kam jeden Morgen ein Tagelöhner mit einer Schleppe und dem schlechtesten Pferd, das die beiden Kästen mit dem edlen Kot aus den Fächern in der nordwestlichen Ecke des Hauses zog, es soll da einen Schnack gegeben haben wegen eines besonders ertragreichen Schlages. Ganz wie in einer fürstlichen Haushaltung führte der Inhaber dieses Amtes den Titel Porteur, dennoch stand er an der allerletzten Rangstelle des Hofes, noch unter den Feuerbötern, den Heizern. Die Haases führten Sonnendächer über dem westwärtigen Balkon und der Terrasse ein, buntstreifiges Segeltuch an den Gittern, und es war, als begehe das Schloss den ganzen arbeitsamen Sommer hindurch ein gelassenes Fest. Von den Haases weiss ich mehr als von Cresspahl zu dieser Zeit; die sind aufbewahrt in Memoiren und Biographie, komplett mit Portraits in Öl, Stuttgart, 1949 (Abbildungen schwarzweiss); Stuttgart, 1958 (farbig).

1895, am Sedanstag, nennt der deutsche Kaiser eine Gruppe seiner Untertanen, die sozialistisch gesinnten, »eine Rotte Menschen, nicht wert, den Namen Deutsche zu tragen«, statt Blumen und Karten offenbar, denn einen Verzicht auf ihre Dienste unterlässt er. Wenige Tage später, am 4. September um 6:06 Uhr morgens beginnt eine totale

Mondfinsternis. *Un süh, »Meteor« is vörut, un de Kaiser, / Dor steiht hei an't Stüer, un ruhich / Hölt hei den Kurs, un de Yacht geiht / Glatt as de irste dörch 't Ziel!* Die Grossherzogl. Eisenbahn-Generaldirektion Schwerin begründet die Linie Rostock – Tribsees, 47 Kilometer, weiterhin die Strecke Gneez – Jerichow, 19 Kilometer, zum Schaden und zum Zorn der Stadt Wismar, ohnmächtig, denn sie besass weder Sitz noch Stimme im Mecklenburgischen Landtage. Der Kranke auf dem deutschen Thron vertut sich abermals mit der Sinnesart der englischen Verwandtschaft, am 3. Januar 1896 schickt er dem Präsidenten der Burenrepubliken, Onkel Paulus Krüger, ein Glückwunschtelegramm und wünscht ihm Unabhängigkeit von den Briten, was Oma Victoria kränkt, verletzt und verstimmt; die Arbeiter in den Docks von London überfallen die Deutschen mit Knüppeln, Deutsche verlieren ihre Stellen in Comptoirs und in der Hotellerie, deutsche Clubs müssen schliessen, eine Masse Geschäfte bleibt in der Luft hängen, noch die Italiener sind böse auf die Deutschen, weil derentwegen der Mittelmeervertrag von England nicht erneuert wird. Der Admiral und Staatssekretär im Reichsmarineamt, Tirpitz, aber ist es zufrieden, sei doch so »dem Volke die Notwendigkeit der Flotte gezeigt«, jener Flotte, ohne die das Deutsche Reich hätte gemeinsam mit England arbeiten können, mit der es nur noch gegen England gehen kann in jene Zukunft, die laut des Allerhöchsten Wahrsagers in der Nähe von Wasser befindlich ist. Und das im Hafen von Stettin. 1896 die deutsche Einladung an alle Kriegsmarinen der Welt, einschliesslich der U.S.A., zu was? zur Eröffnung des Nord-Ostsee-Kanals. Auch die »Gelbe Gefahr«, *Völker Europas, wahret eure heiligsten Güter!* und so fort, bis zur Abpachtung Kiautschous auf 99 Jahre, 1898, von einem sehr gelben Kaiser der Chinesen, der Verschwendung von 133 Millionen Mark auf die Marine im Jahr 1899, den abgelehnten britischen Bündnisangeboten, dem Beginn des Burenkrieges, dem Boxeraufstand in China 1900 und einem Beitrag der deutschen Kultur im selben Jahr, in dem das Bürgerliche Gesetzbuch in Kraft tritt: *Pardon wird nicht gegeben! Gefangene werden nicht gemacht! Wer euch in die Hände fällt, sei euch verfallen! Wie vor tausend Jahren die Hunnen ...* bis zum Tode der Queen Victoria 1901, bis zum abermals verweigerten Bündnis mit England, bis zu jenem 25. Januar 1902, an dem der Herzog Adolf Friedrich von Mecklenburg-Schwerin Sich nach Genua begiebt, um von dort eine Orientreise anzutreten. *Ete-Hete-Hans – Grete. Friedrich Franz – Friedrich Franz – Friedrich Franz – Richard.* Adolf Friedrich (Franz) begleitete Cresspahls Geburtstag Jahr für Jahr in jenem Kalender, auf dem vorn ein Hase und ein Fuchs abgebildet sind mit Sonnenschirm und Botanisiertrommel, in grünem Rock und an der Schulter das Schiessgewehr. Das Lichtbild auf der Rückseite des Kalenders für 1902 zeigt Adolf Friedrich mit anderen mecklenburgischen Fürstlichkeiten und der Königin der Niederlande beim Abnehmen des 17. Dragoner-Regimentes. Von Cresspahl habe ich so gut wie nichts.

Es gab mittlerweile Flugzeuge, Automobile, Lokomotiven, sogar elektrische, Telefone; er wird sie nicht zu Gesicht bekommen haben. Vor einem Abend mit Licht aus der Decke hätte er sich wohl eher erschrocken als bei fremdem Fusstritt nachts im Wald. Wenn die Herrschaft sich gab als liberal, durften die Kinder mit denen des Gesindes spielen; er mag die auch haben bedienen müssen: einen Apfel aus der Spitze des Baums holen, einen Ball aufheben, die Zügel halten. Einmal hat er der eigenen Tochter gezeigt, wie man aus einem Weidenzweig eine Pfeife macht, er führte das vor als der Handwerker der er war, unter seinen genauen Schlägen mit dem Messergriff löste der Bast sich ab mit einer Art Gehorsam, obwohl man ihn doch beschwören muss und singen: *Maidach Maidach / wenn de Rogg riep is, / wenn de Vagel piep is, / wenn de rode Rüste kümmt / mit 'n scharpen Metz, / will den Jung dat Uhr afsniedn* – wenn man ein Kind auf dem Lande ist in den letzten Jahren des vergangenen Jahrhunderts. Singen habe ich ihn nie hören können. Die Müritz, ich wünschte sie ihm, zwanzig Kilometer Blick über Wasser, den im Dunst zum Himmel verwischten Horizont, die scharf heranspringenden Baumkanten des östlichen Ufers, Sonnenbahnen, abgelenktes Licht auf dem Wasser, das in der Ferne den Booten und Dampfern einen silbernen Strich unterzieht und sie schweben macht – es ist eine Sicht auf die Natur, ein Umgang mit ihr, die wären ihm ungenau erschienen. Aus Seen holt man Fische. Die Müritz lag ab vom Wege, war ohne Boot kaum zu regieren; er wird Krebse in den Wasserlöchern gegriffen haben, auch Karauschen aus Bauernteichen, Krutschen mit Maibutter waren eine Tracht Prügel wert. Ein an allen Gliedern durchgehauenes Kind, vielmals gegerbt an Arsch und Rücken, ihm wird der Kopf von einer Ohrfeige nur zur Täuschung geflogen sein; mir fehlt nur, von wem er die Schläge bekam. Wer seine Mutter mit ihm gesehen hat, sagt noch dem Vierzigjährigen einen tröstenden Anschein von Gehorsam nach, auch Fürsorge als Bedürfnis statt Schicklichkeit. Für was in der Kindheit mochte er danken: für Zärtlichkeit? für Strenge? Er konnte auch vergessen haben, so dass das Vergeben ihm entging. (Meinem Vater vertraue ich, warum nicht dem seinen?) An Wintersonntagen mit dem Peekschlitten aufs Eis, erschlichene Freizeit, ich sprech sie ihm zu; mit eigens erlaubtem Spiel war es nach dem fünften Geburtstag vorbei. Und die Kinderprozessionen sommersende, mit ausgehöhlten Kürbissen und Gurken, die durch die in ihre Wandungen geschnitzten Kreuze und Sterne Lichter in der Nacht spazieren führten: *Ollsch mit de Lücht, juuch, / de de Lüd bedrücht, juuch, / de de Eier hält, juuch / de sei nich betålt, juuch!*, es war eher für Mädchen, er konnte der Schwester den Kürbis samt Tragestock herrichten, und was würde es wohl verschlagen gegen die Zwölftengottheit. Längst inzwischen war die Mutter zurückgeholt in den Gutsdienst, ob sie nun im Haaseschen Haus Böden schrubben musste oder im Küchengarten dahinter zur Hand gehen; für den Jungen blieb das Schwein, das wollte Disteln gestochen haben, die Kuh, die musste weitergepflockt werden, die Gänse, über die er mit Peitschenknallen wachte, und da war die Schwester, die er einst abgehalten hatte vom Hinfallen, Verkrabbeln, die er nun zu schützen hatte vor fremden Hunden und der alten Frau, die als Hexe verschrien war. Was für ein Tier brachten sie durch als Hausgenossen? Verträge unterhielt er meist mit Katzen, als ich da war, jedoch hat einst bei uns ein Hund gelebt. Danach, als Schuljunge, stand er ausserhalb des Unterrichts der Herrschaft zu, begann seine Laufbahn mit »dem sinnigen Geschäfte des Hütejungen«. Die Haases müssen Schafe gehalten haben, denn vor Schafen einmal hat er mich gewarnt (nicht um von sich zu erzählen), weil sie so unvernünftig erschrecken können vor dem Klappern einer Hungerharke, die tiefsten Pflöcke aus dem Boden sprengen, ein Kind wohl an die zwanzig Meter durch die Stoppel hinter sich reissend in wilder Flucht, – die lass los, Gesine. Sein landwirtschaftliches Wissen vermehrte er beim Absammeln der Steine von den Äckern, den empfindlichen Maschinen aus England zuliebe, beim Rübenverziehen, Hacken, Stallausmisten bei Schweinen, Kühen, Pferden, bei einer jeden Arbeit, deren Anblick einen Erwachsenen zu dem Ausruf bringen konnte: Du, Jung – (In die Schmiede wird er selten gekommen sein, da gab es was zu lernen.) Wenn die von Haases Saisonarbeiter hielten, waren ihm ein paar Worte Polnisch geläufig, oder mehr als die notwendigen; die schwedischen Wanderarbeiter blieben mittlerweile aus. – Hurra die Enten! hiess es im

Herbst, wenn die Wildenten einfielen und die Jagd anfangen konnte; mochte er etwas anderes rufen, treiben gehen musste er doch im Winter. Dass er Korn binden kann ohne Blick mit Gedanken anderswo, das habe ich gesehen. Wenn die Knechte noch das erste Fuder in achtsamem Schweigen aufluden, um die Mäuse aus den Scheunen zu bannen, ein liberaler Gutsherr mit berliner Gewohnheiten wird auch geringen Vorteil hingenommen haben. In der Gegend wurde immer noch an Wotan geglaubt, sie traten dem nicht mit seinem eigenen Namen zu nahe, als de Wulf sprachen sie ihn an, oder als de Oll; am Ende hat Cresspahl noch mitgebetet beim Überreichen der letzten Garbe an die gnädige Familie: *Gondag, gondag in'n Herrenhus, / wi kåmen mit 'n Ollen von 't Feld to Hus, / wi hebben mit em in de Wedd bunnen, / de Oll de hett den Sieg gewunnen...* Ran musste er beim Ausnehmen der Kartoffeln, bei einigem Glück mit einem deftigen Sackfetzen unter den Knien, mit dem kurzstieligen Kratzer hinter die Staude schlagen, sie vorreissen, die Knollen absammeln in den Korb, so in der zweiten Reihe, den Korb rücken, voranrutschen, mit den drei breiten Zacken zuschlagen, reissen, bei aller Eile zurückbleibend hinter den Grossen, die vier Reihen ausräumten. Die Ferien auf dem Lande hiessen nach dem Tüffelwracken, sie waren länger als in den Städten. Wie war es anders abzusehen, als dass er nach Palmarum 1902 fürs Leben bi de Lüd kam, wenngleich in einer träumbaren Zukunft bi de Pird? (Er wurde schon in diesem Frühjahr konfirmiert, da er vierzehn Jahre alt werden würde und der Schulpflicht entledigt, bevor der Kantor die Winterschule überhaupt öffnen durfte. Noch der Bibelspruch zu meines Vaters Konfirmation entgeht mir; er muss, er mag damals versucht haben, ihn zu beherzigen.) Dennoch, Herr von Haase genehmigte das bescheidene Gesuch des Rademachers, seinen Sohn auf den Herbst nach Malchow in eine Tischlerlehre geben zu dürfen. (»Zu

Ostern 1900« heisst es in Cresspahls Lebenslauf für die Kontrassjedka , der ist in der Haft geschrieben; Gedächtnisfehler können mir Haftfolgen vortäuschen.) Ein Gutsjunge in städtischer Lehre, Kliefoth will da nur eine Ausnahme begreifen. Aber Kliefoth kennt eher rangnähere Spielgefährten und die Knaben in der Bürgerschule als die fremden bei Handwerkern. Womöglich stand in Cresspahls Zeugnis für das Fach Kopfrechnen die Note »schwach«, was damals zu übersetzen war in »Religion: fleissig«, und die Herrschaft wünschte ihn auszuzeichnen. (Es träfe nur ihn, mein Stolz ist nicht einverstanden. Demnach bin ich auf meinen Vater stolz?) Im Alter habe ich ihn Holz hacken sehen, da zerfiel ein Klotz unter wenigen Schlägen in handliche Scheiben, die wiederum spritzten in akkuraten Stäben davon (die wir der Massen elegant nicht brauchten. Lieber unbequem als unsauber arbeiten). Solch Anmachholz mit einem Streifen Bast umwunden, es mag dem Kind im Schloss Belohnung erworben haben, andere Anstelligkeit auch. Oder, die Haases zogen in der Einrichtung die alte Mode der altdeutschen vor und sahen voraus, der Junge werde zurückkommen als ein Holzhandwerker, der zwar Deichseln und Wagenräder bauen konnte, obendrein aber Kunstmöbel in gutem Stand halten. Nur Möglichkeiten für ihn, und war doch mein Vater, keine von ihnen darf ich wählen, bis auf die eine, die schaffte er ab: zurück in den Gutsdienst kam er nicht so bald.

Stadt Malchow am See, 1902.

Das Kind vom Lande war bekannt mit der Stadt, er hatte sie besucht, zu Fuss mit dem Stock hinter den Gänsen, auf dem Milchwagen mit Einkaufszetteln, ein wenig wie ich ankam in Gneez, die Stadt brüllte ihn nicht unverhofft an wie mich New York; mir aber war schon Jerichow erschienen wie eine Stadt, er war gewöhnt an Pracht in Gestalt des herrschaftlichen Schlosses, selten einmal eines wohlbestallten Bauernhofes. Es war ein Anderes, hier anzukommen mit der Aussicht auf vier Jahre Bleibens, ein erstes Mal inmitten fremder Menschen unter einem dieser Dächer zu schlafen:

Malchow im Herzogthum Schwerin, gestiftet vom Herrn Nikolaus III. zu Werle 1235, gelegen auf einer Insel im eigenen See, zählt 457 Wohnhäuser mit 1075 Haushaltungen und 4033 Einwohnern. Von diesen sind 1933 männliche, 2100 weibliche. Der evangelisch reformirten Religion gehören an 1, der römisch-katholischen 7, dem israelitischen Glauben 45, wovon 18 männliche, 27 weibliche. Die Stadt gehört zum Hauptsteueramtsbezirk Güstrow. Der Rohsteuerertrag auf den Kopf beträgt 2 Mark und 70 Pfennige. Sie gehört zum XII. Aushebungsbezirk (Waren). Sie hält jährlich 3 Krammärkte. In der Stadt befinden sich oder auf städtischem Gebiet (2559,4 ha) liegen: 1 Stadtkirche, 1 Bürger- und Volksschule, 1 höhere PrivatKnabenschule, 1 höhere PrivatMädchenschule, 1 Amtsgericht, 1 ritterschaftliches Polizeiamt, 1 Oberförsterei. 1 Post- und Telegraphenamt II. Klasse, 1 Standesamt, 1 Ersparniskasse, 1 Vorschussanstalt, 1 Vorschussverein E.G., 1 Stadtkrankenhaus mit 20 Betten, 1 Gemeindeschwester, 1 Desinfektionsanstalt, 1 Dampfmolkerei, E.G.m.u.H., 1 Dampfbrauerei, 1 Bierbrauerei, 1 Drehbrücken- und Telegraphenwärterei, 8 Gastwirthschaften, 9 Schenkwirthschaften, 13 Branntweinhandlungen, 1 Bahnhof, 1 Forsthof, 5 Dampfsägereien, 2 Windmühlen, 1 Wind- und Dampfmühle, 1 Armenhaus, 1 Schiesshaus, 1 Badeanstalt, 1 Ziegelei, 1 Kalksandsteinfabrik, 2 Tuchfabriken, 1 Dampfbäckerei, 1 Dampfweberei, 1 Dampfbadeanstalt, 1 Steinhauerei, 2 elektrische Zentralen, Fischerei.

– Biholl wat du sühst, ok wenn du 't nich vesteihst: hat Cresspahl mir geraten, als ich von Jerichow in eine grössere Stadt zu leben ging; vielleicht war das wie er sich einrichtete in seiner ersten Fremde: alles behalten, was es zu sehen gibt, am Ende gibt es nach und lässt sich begreifen. Im ersten Lehrjahr wird er vom Handwerk kaum mehr dazugelernt haben als die Namen der Werkzeuge, eben damit er sie zuzureichen wusste. Er war »de Jung« im redebrechtschen Haushalt, ein Glied der Familie im Guten wie im Bösen, wenn man Herrn Dr. Julius Kliefoth glauben soll; der aber erlernte in der Bürgerschule das Latein, seine Familie gehörte zu den »guten, alten, besseren« von Malchow, ihrem Namen zum Trotz. Redebrechts Lehrjunge war Erzieher, Pfleger, Ernährer des häuslichen Schweins, er kochte ihm Kartoffeln, bereitete sein Lager, hielt es sauber; weh ihm, wenn das Tier schrie. *Wat kümmert mi, wat achter mi passiert, säd de Jung, as hei Schläg kreeg.* Da waren die Hühner zu wecken und auf die Stange zu schüchern, Wasser zu tragen, die Werkstatt auszufegen, für die Frau zu laufen, wenn sie einen Einkauf vergessen hatte. Da er Logis im Haus hatte, war er Laufjunge für alle im Haus, vom Hahnenschrei bis der Hahn einschläft. Freizeit: vom Steg hinter dem Garten angeln, jedoch für die Küche der Meisterin. Ankucken darf man die Gesine, Redebrechts Enkelin, ankucken schadt ihr nich, is nich verboten. Die andere Obrigkeit waren die beiden Fussgendarmen der Stadt, Wachtmeister Hagen (Militärdienstkreuz und Ehrenmedaille des Ordens von Oranien-Nassau in Silber) und Wachtmeister Rodau (Militärdienstkreuz und Landwehrdienstkreuz), Briefträger August Gutow, Stationsvorsteher II. Klasse der FriedrichFranz-Eisenbahn Friedrich Dallüge, ganz oben Friedrich Zelck, Bürgermeister, Rechtsanwalt beim Amtsgericht, Syndikus am Kloster Malchow, Polizeirichter für das ritterschaftliche Polizeiamt und dennoch bloss geschmückt mit der Friedrich

Franz III. Gedächtnismedaille, zu tragen am Bande des Greifenordens auf der linken Brust. Denn jener war verschieden zu Cannes, 1897 gefolgt von Friedrich Franz IV., Grossherzog zu Mecklenburg, Fürst zu Wenden etc. Im ersten Lehrjahr bekam Cresspahl einen wöchentlichen Lohn von zwei Mark, *wer eenen Schilling verdeenen kann, dörf ok eenen vertehren,* ein Wert des Geldes war ihm in der Stadt aufgegangen: 90 Pfennig nahmen die Bauern für das Pfund Butter, im Laden kostete es 1,20 Mark, Brot dreizehn Pfennig das Doppelpfund, das halbe Kilo Salz wegen der Steuer von acht Pfennig ganze zehn Pfennig das Pfund. Jedoch wurde er im Hause verköstigt, er hatte keine Briefe zu schreiben an die Eltern für vier Pfennig Porto im Landzustellbereich, er mag zwei Doppelkronen erspart haben bis Ende 1902, vierzig goldene Mark.

1903, versteht sich, baut die Deutsche Bank die Bagdadbahn. Versteht sich, der erste Termin des Malmöer Vertrages von 1803, wonach das Königreich Schweden gegen eine Zahlung von 5,625,000 Mark die Stadt Wismar mit Poel und Neukloster an Mecklenburg verpfändete, vorbehaltlich des Rechts, in hundert und aber hundert Jahren gegen Zahlung dieser Summe, durch Zinseszins um drei Prozent vermehrt, das Pfand von neuem zu erwerben; das Jahr, in dem Schweden es vorzog, diese 108,041,200 Mark zu behalten, mit vorgetragenem Verzicht für den 19. August 2003; patriotische Umtriebe zu Wismar in Anwesenheit des Grossherzogs samt hochgestellter Verwandtschaft. 1903 gab der alte Redebrecht an den Sohn ab. In den Wahlen zum Reichstag, Juni 1903, wurden in Mecklenburg für die Konservativen 33,7%, für die Liberalen 25,7%, für die Sozialdemokraten 40,6% der Stimmen abgegeben, welches Ergebnis das Wahlgesetz mit Blick auf Besitz und Gewinn umrechnete in vier konservative, einen liberalen und einen sozialdemokratischen Volksvertreter.

So as de een heet, süht de anner ut, un wat de een gelt, is de anner wiert.

Im Februar 1904 überfällt Japan die Flotte Russlands im Hafen von Port Arthur und eröffnet den Krieg etwas später auch schriftlich, im April verstehen England und Frankreich einander in einer Entente Cordiale, im Juli stand Heine Cresspahl mit Gesine Redebrecht auf dem malchower Kinderplatz zwischen den grossen leinenen Zelten des Volksfestes, von allen gesehen, von Niemand entdeckt, *dat du min Leewsten büst, / dat du woll weist / kumm bi de Nacht, kumm bi de Nacht / ick weit wo du heitst. / Dat du min Leewsten büst / hest man kein Geld...* im Oktober ging sie eines Nachts oben an das kalte Fenster und zeigte Cresspahl, wie sie mit aufgelösten Haaren aussah. »Ich war fünfzehn. Er war sechzehn. Es war nichts ausgemacht und nichts angesagt. Unten in den Büschen am Gartenzaun, da stand er.« Bis dahin hatten die Familie wie die Gesellen dieser Liebschaft mit Neckereien eher nachgeholfen als geschadet, im Dezember nahmen der alte Redebrecht wie sein Sohn den Lehrjungen an die Kandare mit einer moralischen wie volkswirtschaftlichen Predigt über das Thema: wie Einer als Johann von 'n Lann' nicht Meister wird und Nie; zu seinem Entsetzen. Es war ganz ausserhalb von ihm. So weit weg von ihr hatte er nicht denken können. Er verteidigte sich verworren, die Männer glaubten ihm, die Frauen aber hatten es von vornherein gewusst. Der Gesine waren die Augen geöffnet worden, zwar wurde er nicht aus der Lehre geworfen, sie ging aus dem Haus, aus freien Stücken so weit wie in eine güstrowsche Pension. *Hei säd mi so vel, un ick säd em kein Wurt, un all wat ick säd, wir: Johann, ick möt furt...* später hat sie es anders wahr haben wollen. Woher weiss ich das. Woher mag ich das wissen. Es hat ganz anders abgehen können, von dem einen wie dem andern hat Cresspahl zu mir geschwiegen. Ich weiss, dass ich dies weiss. Da ist keine Stelle in meinem Gedächtnis, die sich meldete. Ich ahne nicht, wo es aufbewahrt ist. Beweisen kann ich ihren Namen, meinen Namen, sonst fehlt alles. Es ist da, um ein Vielfaches kräftiger, sichtbarer, fassbarer als bloss der Wunsch, es möge so gewesen sein. Ich wüsste es anzustellen, dass mein Kind mir glaubt; wozu habe ich nötig, dass sie es aus eigenem tut? Es ist nicht an dem, dass es so gewesen ist, weil ich es so brauche; nur, dass ich anders es nicht erkennte.

Zwar darf die Tochter wünschen. Sie darf den Männerturnverein von Malchow dem Bund der Malchower Schützen vorziehen. (Die Segler hätten Cresspahl abgeschlagen als Mitglied, selbst wenn er mit einem Boot angekommen wäre.) Der Vater als Schützenkönig von Malchow, oder als Inhaber von Schiesswürden Trostes halber, Erster und Zweiter Ritter, es geht ihr gegen den Strich. Lieber sieht sie ihn im Umzug hinter der Stange mit dem eichenlaubbekränzten Behelf, den vier F *Frisch – Fromm / Fröhlich – Frei*, bis endlich die Fahne gefunden wurde, die nach dem Verbot von 1848 ein halbes Jahrhundert im Versteck lag (oder: stand). Cresspahl (singend?) in der Turnerfeuerwehr von Malchow, mit einem Krug Bier in der erhobenen Hand bei der Turnfestfahrt auf geschmückten Erntewagen, all das will die Tochter hinnehmen, bleibt ihr der Schiesssport, e. V. seit 1884, und ihm erspart. Die Herkunft des Wunsches ist ihr bewusst. Damit hört es auf, Nachweis oder Auskunft fehlen. Mit dem Wünschen geht es nicht weiter dahin, wo er zu sehen wäre.

Am Jahr 1905 haben wir lange lernen müssen, fast ein halbes Schuljahr in Geschichte wurde vollgepackt mit der russischen Revolution im Januar, dem Aufstand der Schwarzmeerflotte vor Odessa und Konstanza im Juni.

(1905 heiratet der deutsche Kronprinz, Wilhelm, die Prinzessin Cecilie von Mecklenburg-Schwerin.) 1905 verschwindet mein Vater noch mehr aus der Sicht, was immer ich um ihn stelle an Möglichem, Notwendigem, selbst wenn es ihn erwischt haben muss, und er bleibt weg für viele Jahre. Militärdienstpflichtig mit dem vollendeten 17. Lebensjahr, wurde Cresspahl nach Ostern 1905 aufgefordert, »mit reingewaschenem Körper und Hemd« vor der ärztlichen Militärkommission in Waren a.d. Müritz zur Musterung anzutreten. Ein neues Hemd, er wird es haben bezahlen können, er bekam mittlerweile drei Mark Lohn die Woche. Für diensttauglich befunden, wurde er dem Holsteinischen Artillerie-Regiment Nr. 24 in Güstrow zugeteilt (obwohl das der X. Aushebungsbezirk war, und seiner, der Warensche, der XII. Da bin ich von Zweifeln freigestellt, dies ist mir als Tatsache erzählt worden, von Cresspahl sülben, von Erwin Plath desgleichen). Durch Kliefoth weiss ich: Das Holsteinische Artillerie-Regiment Nr. 24 lag mit fünf Batterien in Güstrow und mit einer in Neustrelitz (das war die »Salutbatterie«). Die Kasernen in Güstrow habe ich ohne Absicht, ohne Ahnung gesehen, tiefrot glänzende Ziegelblocks hinter niedrigen Mauern mit Zierkronen, ein Karree zwischen Friedhof und Barbarastrasse, so dass es wohl später auch ein russisches Viertel abgegeben haben wird, mit grüngestrichenen Sichtblenden. Inzwischen zu Zivilwohnungen hergerichtet; noch ist zu erraten, wo die Wache stand. Cresspahl wurde da nicht als Kanonier ausgebildet, sondern als Fahrer, mit Sporen an den Stiefeln? Er musste nicht die Geschütze putzen, sondern die Pferde striegeln. Die Artillerie hatte damals noch die blauen Kanonen, ohne Rücklauf. »Die Bohrung des Geschützes heisst Seele, ihr Durchmesser das Kaliber.« Von den Gemeinen wurden einige nach dem ersten Jahr wegen »Anstelligkeit« zum Gefreiten befördert. Dann wurden sie Stubenälteste, oder sie mussten Unteroffiziersdienst mitmachen. Nach zwei Jahren wurden sie entlassen in die Reserve. Inzwischen war die Einkreisung des Deutschen Reiches vollständig. Die europäische Öffentlichkeit lachte, wenn Willy II. nur den Mund auftat. (Im Inland wurde er mittlerweile zitiert als Lehmann, ohne Herr, oder als Léman.) Die Rekruten sangen schon vor der Entlassung Reserve-Lieder, was aber streng untersagt war. Reservistenlieder habe ich keine gefunden. Bei der Entlassung wurde ihnen der Mobilmachungsbefehl ausgehändigt. Da ist keine Spur von Cresspahl für mich, nicht einmal das unvermeidliche Gruppenfoto mit der Schiefertafel und den neckischen Gebärden. Als wünschte er abermals ungesehen zu sein. Ungesehen zu werden.

Cresspahl als Rekrut hätte noch einem vielfach vorbestraften Schuster gehorchen müssen, wollte der in der Uniform eines Offiziers die Stadtkasse von Güstrow berauben, aber eine löbliche Polizei verwies jenen Wilhelm Voigt im Mai 1906 der Stadt Wismar und der mecklenburgischen Lande, so wurde er Hauptmann von Köpenick. 1906 fällt der Kanzler von Bülow im Reichstag ohnmächtig zu Boden, während Bebel ihm die marokkanischen Leviten verliest. Und ein Erdbeben in San Francisco. 1907 brachten die Reichstagswahlen 37,8 Prozent mecklenburgischer Stimmen für die Konservativen, 22,8 für die Liberalen, 39,4 für die Sozialdemokraten. 1907 gingen die Briten auch noch mit den Russen in einen Vertrag. 1908 zieht Willy Zwo einhundertfünfzig Schutzleute ins Berliner Schloss, weil er sich fürchtet vor unbotmässigen Bürgern in der Stadt, den Briten hingegen lässt er im Daily Telegraph ausrichten: *Ihr Engländer seid verrückt, wie Stiere, die Rot sehen!*, und diesmal bleibt ihnen das Lachen stecken. Auf beiden schweriner Landtagen scheitert der Entwurf zu einer mecklenburgischen Staatsverfassung an der Ritterschaft; Mecklenburg bleibt das einzige Land im Deutschen Reich ohne allgemeine Wahlen, der letzte ständische Staat, Ritterschaft, Domanium, Landschaft, ernst angetan mit Mittelalter, die komische Figur Europas. 1908 war Cresspahl wieder zu Hause. Bei den Eltern nur zu Besuch, obwohl seine Dienstzeit ihm Anwartschaft verlieh auf den Posten eines Gespannführers oder gar Kutschers für die Herrschaft. Bei welchem Verein immer er sich zurückmeldete in Malchow, in der Stadt machte er seine Gesellenprüfung. Was könnte ich mir schon vorstellen als Probearbeit: ein Türschloss aus keinen anderen als hölzernen Teilen, einen Rollsekretär nach amerikanischer Art und doch mit Geheimfach; wozu. 1909 ging er los. Von nun bis er in meine Nähe kommt, da verkneife ich mir, willentlich nach ihm zu suchen.

Er wird auf Wanderschaft gegangen sein. Es war die Sitte. Warum sollte er schon mit zwanzig Jahren sich anders anstellen als nach der Regel? Die erste Zeit in Mecklenburg. Das darf ich denken, es festzubinden mit Worten wie Griese Gegend oder Fischland ist mir versagt. Wenn er es eilig hatte in die Residenz, er wird sich haben gedulden müssen, denn dort lebten AllerhöchstDieSelben Herrschaften weiterhin im Glauben, die sozialdemokratischen Volksaufwiegler aus den grossen Städten seien für die Benutzung von Personenzügen zu verwöhnt, weswegen ein Abkommen der FriedrichFranzBahn mit der Preussischen Bahnverwaltung die Schnellzüge fernhielt von Schwerin in Mecklenburg. Wenn ich will, trug er schon in diesem Jahr die Karte dieser Partei für sozialistische Demokratie in der Tasche, einer zugeknöpften allerdings, und dachte angesichts des vaterländischen Aufwallens zum 100. Todestag der Königin Luise, was »Die Neue Zeit« ihn lehrte, ganz schamlos gegenüber dem bürgerlichen Aufschrei: »Wenn jetzt in einem sich wissenschaftlich nennenden sozialdemokratischen Organ in wahrhaft niederträchtiger Gemeinheit versucht wird, das Bild dieser Fürstin in den Schmutz zu ziehen ...« Es braucht nicht dieses Jahr 1910 zu sein. Aber sie müssen ihm aufgefallen sein mit ihren Kundgebungen gegen das Dreiklassenwahlrecht in Preussen mit sechstausend Leuten und Polizei in Essen, mit Polizei in Braunschweig, mit 150,000 Leuten auf dem treptower Wahlrechtsspaziergang in Berlin, denn es mochten die Mecklenburger Nachrichten das in die Ecke stellen, in der Volkszeitung aus Rostock war es zu finden. Japan annektiert Korea. Im Dezember wurden die Deutschen gezählt und meldeten sich zu 64 Millionen, davon in den beiden Herzogtümern Mecklenburg 746,305, ein Sechsundachtzigstel. Den Mindestbeitrag von dreissig Pfennigen im Monat hätte er aufbringen können, und seit dem vorigen Jahr und Parteitag galt der Partei als zugehörig jedermann, der sich zu den Grundsätzen des Erfurter Programms bekannte, da mag ihm die Forderung nach »Selbstbestimmung und Selbstverwaltung des Volks in Reich, Staat, Provinz und Gemeinde« fürs erste gefallen haben wie die progressiv gestaffelten Steuern auf Einkommen und Vermögen, kaum aus Neid. *De een sleit den Nagel in, de anner hängt dor den Hot up.* Zum Glück weiss ich das eine: jede seiner Sündenlisten fing er an mit dem Parteitag von 1910, da hatte eine Frau namens Luxemburg nicht ausreden dürfen. Im Mai 1911 eröffneten der Grossherzog und seine Hohe Gemahlin in Schwerin am Faulen See eine Mecklenburgische Landes-Gewerbe- und Industrie-Ausstellung. Denn diese Familie wünschte die Industrie nur als Gast, liess Fabrikgründern abwinken, bekundete ihren Sinn für das Höhere durch Duldung einer Klaviermanufaktur und erwies ihre Gnade lediglich den Bierbrauereien. In Schwerin hätte ein Tischlergeselle leichter Arbeit gefunden als ein Arbeiter. Nächstens denke ich noch: er hielt an in Schwerin! dabei konnte er Crivitz und Rostock und Parchim vielfältiger beschreiben, mehr als bloss die Wege von den Bahnhöfen. Im September 1911 feierte die deutsche Turnerschaft die Eröffnung eines Turnplatzes in der berliner Hasenheide vor hundert Jahren; er mag eins dieser Feste erwischt haben unterwegs. 1910 bis 1914, es ist eine lange Zeit für Wandern, vielleicht ein Jahr zuviel, da darf ich weder abziehen noch hinzutun, es wäre Belieben. Sohnestreue klingt anders. Anhängliches Wesen ist so nicht offenbar. Vielleicht also erfuhr er aus einer italienischen Zeitung, dass die S.P.D. 1912 als stärkste Partei in den Reichstag zog, wenn auch mit nur einem Abgeordneten aus den sieben mecklenburgischen Wahlkreisen. Mecklenburg in einem italienischen Munde 1912! das nehme ich zurück. Der Lebenslauf aus dem Gefängnis nennt Chiusaforte einen Arbeitsplatz. Meyer spricht von einer Berner Klause namens Chiusa, sodann erstirbt ihm das enzyklopädische Wissen. Auch die Fella ist ihm unbekannt, erst beim Tagliamento gerät er wieder ins Conversieren. Bis ich ein Bild von diesem Chiusaforte aufgetrieben hatte! Eine graue Fotografie zeigt eine gedrungene Stadt, vielstöckige Steinhäuser, an der unteren Fella, zwischen den Kalkmassen der Venetianer und der Julischen Alpen. Im Sommer ist das Geröllbett des Flusses fast so breit wie das ganze Tal, von dünnen Wasserfäden durchrieselt; die Platzregen im Herbst werfen einen mächtigen Strom ab, einen torrente, der wiederum Geröll und Erde von den kahlen Abhängen reisst und mitnimmt. Da will ich hin, das will ich sehen, diesen November. 1913 Tod Bebels, zweiter Balkankrieg, Albanien wird noch rasch selbständiges Fürstentum, Deutschland feiert in einem fort das Jahr 1813 und Mecklenburg für sich ein Mädchen aus Friedland (M.-Str.), das bei jenem Krieg in Männerzeug mitgemacht hatte. Willy Zwo begeht das fünfundzwanzigste Jahr im Amt und in Schlesien Manöver, *Alle Dag wat Nieges, säd de Katt, dor verbrennt sei sick de Tung an de heite Melk*, das letzte Kaisermanöver, das weiss er nicht, das ahnt er nicht, er deckt noch einen Leutnant, der seine Rekruten lehrt, das zivilistische Pack mit der Waffe niederzustrecken, wenn es frech vorkommt. Da nicht dies Cresspahl zurückholte in die Heimat, versagte auch die Sturmflut vom 30. Dezember 1913, nicht so wild wie die von 1872, aber sie biss kräftig am Ufer der Insel Poel umher, riss einen deftigen Brocken Erde am Strand der Rostocker Heide ab, liess die Warnemünder noch zu Silvester in ihren Strassen Boot fahren. Er hatte wohl Niemanden so dicht an der Ostsee, und im Lande würden sie wohl allein fertig mit dem Schnee, der Norddeutschland zudeckte Meter hoch. Cresspahls Schule war nicht von der Art, dass er sich ein Chiusaforte hätte ausdenken können; was sollte ihm das nützen gegen seine Verhörer. Mir passt auch, dass es die südlichste Gegend ist, in die er sich gewagt hat; lât mi man lachen, du. In einem Brief schreibt er, sein unaussprechliches Hochdeutsch, von »den italienischen Ebenisten des 18. Jahrhunderts«; so streng hielt er damals sich fern von mir, aber Italien hat er mir zugegeben, das nimmt mir keiner weg, es wird mir reichen bis zum Herbst. *Ümsünst springt kein Hund oewer 'n Tun, hei möt weiten, wat dor achter is.* Da ist eine Stelle, die von innen zu kennen wehre ich mich. Nie habe ich ihn gefragt, es zu wissen war ich gedrängt, von ihm zu hören hätte ich nicht ertragen: was zu seinen Zeiten das Liebesleben hiess. Stünde es in Briefen, ich würde es lesen, voller Scham ob meines Mangels an Scham, obendrein müssten es Briefe sein an andere als mich, zweifacher Einbruch in sein Geheimnis, ich täte es ungeachtet meines eigenen Verbotes. Da sagen sie mir: in Güstrow stand das amtliche Bordell an einer Strasse, die heisst Glewiner Mauer. Was soll ich damit! Da bin ich fix bei der Hand: die Löhnung reichte zu keinen solchen Sprüngen, da hätte er als Mannschaft auf Offiziere treffen können, nun nimm mal Haltung an ... Ich kann aufsagen, was mir passiert, wenn ich mich entscheide für das Ungewünschte: Amusement, Trauer, kumpelhaftes Billigen – lieber verweigere ich die Entscheidung. Ob ich bei Güstrow, Parchim, Malchow, an der Fella Halbgeschwister leben habe, er hat es mir verschwiegen, ein anderes ausdrücklich genannt; was er mir vorenthielt, war überlegt. So bestimme ich es. Hier bin ich im Unsicheren sicher; hier lauert keine Katze Erinnerung.

1914 baute Cresspahl sein Meisterstück. Im Frühjahr machte er sich auf den Weg nach Malchow/Meckl. Bei Pontebba musste er schon wählen. Links die steilen Pässe bis fast vor Salzburg, rechts der freundliche Abstieg nach Kärnten; den einen Weg war er gekommen. So möchte ich denken: Graz und Pressburg, Krakau und Warschau, Thorn und Posen, Stargard und Penzlin, Jabel, Nossentin, Silz, Karlshof, Malchow am See. Für den ganzen Weg von Mecklenburg in den Süden, den Osten, den Norden möchte ich gern denken, er habe unterwegs jeweils ein paar Tage geholfen mit den fortschreitenden Ernten, mit einem Blick auf das Wirtschaften der ungarischen und polnischen Bauern, mit einem anderen aufs Essen und einen Mundvorrat. Sparsam war er. Geld brachte er mit. In der Innung redeten manche, stimmte keiner gegen ihn, sie liessen ihn zu für die Prüfung, sie nahmen seine Arbeit ab (es muss etwas gewesen sein, das kann ein Mann bequem tragen), sie sprachen ihn zum Meister. In Malchow bleiben hiess Gesine auf dem Möhlenbarg treffen, die hiess nunmehr Zabel, *De Fisch mücht de Katt woll, se mag sick man blot de Föt nich natt måken,* er ging weg nach Waren, da redete ein Tischlermeister von Verkaufen. Er war mit dem fast einig, da genügte ein Attentat in Sarajevo, das Warten war vorbei. Russland wünschte die Aufteilung der Türkei zu seinen Gunsten, wollte auch mehr das Sagen haben auf dem Balkan; Frankreich gedachte sich Elsass-Lothringen zurückzuholen, auch in Afrika etwas zu gewinnen; Grossbritannien benötigte das Sagen auf den Weltmeeren für sich allein, konnte die deutschen Kolonien gut brauchen, auch paar Stücke Türkei; Österreich hoffte zuversichtlich auf russischen Boden und darauf, das Sagen zu bekommen auf dem Balkan; Willy Zwo bedurfte all dessen auch, sowie des deutschen Sagens in Europa, weiterhin des Kanoniers Cresspahl an der Barbarastrasse in Güstrow.

Wegen dieses Krieges habe ich ihn gefragt (als der in der Schule drankam). Von der Front hat er vier Dinge zugegeben, zwei davon versehentlich: die Engländer wie die Franzosen hätten sich umsichtig einrichten können auf deutsche Offensiven, schlicht nach den Geburtsdaten der kaiserlichen Familie; einen Bajonettangriff; einen Gasangriff; wofür er zum Unteroffizier befördert wurde. Nach Vitenses Mecklenburgischer Geschichte bildete sein Holsteinisches Feldartillerie-Regiment Nr. 24 (Güstrow und Neustrelitz) mit dem Grossherzoglich-Mecklenburgischen Feldartillerie-Regiment Nr. 60 (Schwerin) die 17. Feldartilleriebrigade in der 17. Division des IX. Armeekorps. Das war also die 1. Armee unter dem Generalobersten von Kluck, die marschierte als nördlichste an der belgischen Grenze auf, wahrscheinlich in Krefeld ausgeladen. *Auch in Serbien / sollen sie sterbien / Und in Belgien / uns nicht behelligen* sangen solche Krieger. Er war dabei. Nach Vitense half das IX. Armeekorps in der Zeit vom 23. bis 27. August bei der Besiegung der Engländer, Franzosen und Belgier, die zwischen Mons und der Festung Maubeuge aufgestellt waren. (Der Überfall auf das neutrale Belgien hatte den Briten den Grund fürs Mitmachen geliefert.) Am 5. September könnte Cresspahl zweiundzwanzig Kilometer vor Paris gewesen sein, gegenüber der 6. französischen Armee, wie seine Einheit. Am 15. September war die Marneschlacht für die Deutschen verloren, das 9. Armeekorps stand zurückgenommen zwischen dem

4. und dem 4. Reservekorps ungefähr in der Mitte zwischen Compiègne und Soissons. Nun könnte ich ihn anbinden an dieses 9. Korps, ihn mitschicken auf den Wettlauf zum Meer, zur Flandernschlacht, bis auf die Kompanie vier Gewehre entfielen, in den Stellungskrieg; angebunden habe ich mich. Denn die dumme Tochter war neugierig auf die Art der Verwundung (»Gehirnerschütterung«), so ist ihr das Datum entgangen, zu dem er sie empfing. So kann er schon im ersten Kriegsjahr nach Doberan ins Lazarett gekommen und danach beliebig wechselnden Truppenteilen zugeteilt worden sein; wieder hat er sich dünn gemacht. Was ich in den Büchern nachlesen, ansehen könnte, er wollte es mir nicht erzählen, das war für seine Tochter nicht, sie darf raten, wie ihm die bevorzugte Versorgung der Offiziere schmeckte und welches Wort er benutzte für die Marmelade, mit der die Mannschaften abgespeist wurden (Armeefett, Hindenburgcreme, Kaiser-Wilhelm-Gedächtnisbutter) oder wie ihm die Heringe dazu mundeten, ob er beim Anhören eines patriotischen Liedes den Text des Dichters dachte oder den der Insubordination *Heil dir im Siegerkranz / Pelltüffel un Hiringswanz*, nicht einmal wie es gegenüber den Engländern war. Zu denen ging er später leben, da versuchte ich festzuhalten. Frage nach den Tanks. Nickt er. Bestreitet das Dasein von Tanks keineswegs. (Aus einem Brief meiner Mutter nach Mecklenburg weiss ich, dass er sich sträubte gegen einen Ausflug zur Isle of Sheppey. Das ist eine Insel in der Themsemündung, da gibt es eine Blue Town, auf die wurde am Weihnachtstag 1914 die erste deutsche Bombe abgeworfen, die überhaupt auf England fiel; offenbar hatte ein verfranzter Pilot sich die fünfhundert Mark verdienen wollen, die ein Patriot für die erste Bombe auf die Stadt London ausgelobt hatte. (Wie aber geriet Cresspahl in Unterhaltungen mit Flugpersonal?) Dahin also unternahm er keinen Ausflug, mochte die Gegend billiger sein, daran

fuhr er vorbei ins aufwendigere Broadstairs.) Über die Bewilligung der Kriegskredite durch die Sozialdemokratie liess er sich vernehmen ähnlich wie die Schule, zu meiner verwirrten Enttäuschung; nur dass er mir obendrein auseinandersetzte, was ein Fraktionszwang ist. Da ich bei ihm meine Meinung über das Verhalten Liebknechts unterstellte, habe ich seine versäumt. Von der Erklärung des Parteivorstandes gegen alldeutsche Annexionspläne (Juni 1915, Leipziger Volkszeitung auf acht Tage verboten) war er gewiss, so deutlich habe das nie und nimmer da gestanden. Meine dummklugen Darlegungen zum Zweifrontenkrieg blies er um mit dem Hinweis, es sei Schlagsahne verboten gewesen an der dritten Front, der Heimat. Aber zum ersten Mal liessen sie ihn auf Urlaub im November 1916 kurz vor seiner Verlegung an die Ostfront, *Die Vöglein im Walde, die singen ja so wunder-wunderschön: in der Heimat, in der Heimat, da gibt's ein Wiedersehn,* demnach bekam er Briefe aus Mecklenburg noch von jemand anderem als seiner Mutter (wenn sie des Schreibens kundig war), es ist gewiss eine Frau gewesen, eine städtische, die selber einkaufen ging, und ob es seine Eltern waren oder ein Mädchen, da griff nicht heldische Sinnesart zur Feder. Solche Briefe waren der Truppenführung ungenehm, Meckerbriefe waren das. Da gab es offenbar Druckposten in der Kartoffelstelle, der Fleischstelle, der Grossherzoglichen Kohlenstelle zu Schwerin, von Kartoffeln und Fleisch und Kohlen aber gab es zu wenig. (Ein militärischer Stratege muss sich verlassen haben auf fortgesetzte Einfuhr von Kohle aus England.) Für die Schulen noch fehlte Feuerung, und es muss ein Mecklenburg gewesen sein, das hungert. Im Frühjahr 1915 war in Wismar ein grosses Schweinemorden verordnet, damit nicht Brotgetreide verfüttert würde; da verdarb viel Fleisch, da hatte ein Amt die Besorgung von Salpeter vergessen. (Mit einer vorgeblich unschuldigen Frage hätte ich herausgefunden, ob er mir ein Beispiel für unsere Nachbarschaft anführte, oder ob er jemand hatte in der Wissmer.) Margarine wurde auf den Lebensmittelkarten als Butter angerechnet! Dann, als noch die Eier auf die Karte kamen, ein Ei pro Woche, verschwanden die Eier vom Markt. Laut Befehl vom 21. Oktober 1915 wurde den Angehörigen des IX. Armeekorps verboten, Butter nach Hause zu schicken (was eben nicht Cresspahl betroffen haben muss, sondern einfach Familien überall in Mecklenburg anging). Im Sommer hielt die Stadt Saatkrähen zum Verkauf, Seife gab es nur auf Brotkarte (vor Einführung der Seifenkarte), den Kindern wurde amtlich das Laternegehen verboten, *de Ollsch mit de Lücht / de de Lüd bedrücht / de de Eier hålt / un se nich betålt. Lan-terne!* Der Bienenschwarm von Rügen kam von Cresspahl als behäbige Erzählung, fast behaglich, kaum dass er sich beeilte, zu einem Ende zu kommen; in seinen Augen schienen die Deutschen nicht begabt, Krieg zu führen. Ersatz für Wurst, für Suppenwürfel, für Kaffee, für Bier ...

1915: Schlacht bei Soissons, in der Champagne, bei Ypern mit Giftgas, am Isonzo (von Triest bis zu den Julischen Alpen), in der Champagne; 1915 muss der Herzog Johann Albrecht von Mecklenburg zum Zaren von Bulgarien reisen, ein rüpelhaftes Benehmen des Kaisers entschuldigen, damit auch dies Land noch eintritt in den Krieg. 1916, Verdun, Sommeschlacht, Gründung des Spartakusbundes; 1917, Schlachten an der Aisne und in der Champagne, Willy II. verspricht die Einführung des geheimen direkten Wahlrechts, Cresspahl ist zur Zeit der russischen Märzrevolution an der Ostfront. Da kann ich mir aussuchen von Lemberg bis Grodno, von einem anderen hingegen weiss ich den Aufenthalt: der Herzog Johann Albrecht zu Mecklenburg hilft zum Sedanstag in Königsberg/Pr. die Deutsche Vaterlandspartei für den Siegfrieden gründen; besucht an diesem 2. September eine Etappen-Formation im Osten und speist im Offizierskasino: Klare Bouillon mit Fleischklössschen, Karpfen blau mit Meerrettich und Salzkartoffeln, Geflügel, Rindfleisch mit Kompott, süsse Speise, Kaffee und Kuchen, Zigarren und Liköre. Neben seinem Namen unter dem Partei-Aufruf steht: »Im Felde«. Ein Plakat, das zur Verschwiegenheit in militärischen Sachen ermahnen sollte, zeigt einen gemeinen Soldaten, dem ein Vorhängeschloss in den Mund gehängt ist. *Immer rin in die Kartoffeln / raus aus die Kartoffeln! Alles für die sieben Mark!*

Cresspahl mit den Tressen des Unteroffiziers? Die Ostfront war kaum technisiert. Autos wurden Brigadekommandeuren zugeteilt, vom Generalmajor aufwärts. Die Lastkraftwagen liefen gegen Ende ohne Bereifung auf den blanken Felgen. Vor die Gepäck- und Proviantkarren der Kompanie waren Pferde gespannt. Einmal erschraken russische Pferde vor der deutschen Technik und wären durchgegangen, hätte nicht Cresspahl ihnen die Uniformjacken über den Kopf legen lassen. Hierfür belobigt als *umsichtig, anstellig*, wurden ihm die Pflichten eines Gruppenführers auferlegt. Die Gruppe, das waren acht Mann am Geschütz. Er hatte an der linken Seite zu führen und beim Vorgehen darauf zu achten, dass jeder Ziel hatte. Glaubt man ihm, so stand die Front still. Aber die Arbeit war weniger bequem als was die Funktionsoffiziere auf Kammer und in der Verwaltung taten. Obendrein war er verantwortlich für »die Hygiene, den ordentlichen Aufzug und die sittliche Festigung« seiner Gruppe. Der Rang fuchste ihn. Wer befehlen soll, hört sich leicht besserwisserisch an, und nun war er doch aufgefallen, sichtbarer für die Vorgesetzten, ausgezeichnet für Pferdeverstand, bloss weil der dem Batterieführer abging. An der Westfront hatte er sich gehütet, anzuecken mit einem Abonnement sozialdemokratischer

Presse; hier hielt er sich die Volkszeitung aus Rostock, in der billigen Voraussicht, sie werde ihn einer Degradierung näher bringen. Aber vielleicht galt sie den Offizieren als ein Heimatblatt, sie wurde ihm nicht verwiesen. Oder die Oberste Heeresleitung war inzwischen weniger stolz auf ihren Einfall, einen Russen namens Lenin mit seinen Freunden durch Deutschland in die Nähe der russischen Gegner zu fahren, es war nun weniger nach ihrem Wunsch, was der anfing hinter den feindlichen Linien, da seine Erfolge nachgerade in der Heimat zwar noch undenkbar aber möglich schienen; Cresspahl durfte von den Ereignissen am 6. und 7. November in Petersburg und Moskau lesen. Da die Zeitung von Sozialdemokraten gemacht war, lernte er aus den Berichten keineswegs die Bedingungen für eine vorschriftsmässige Revolution, und klamüsterte eher ungefähr heraus, dass jene Bolschewisten tatsächlich angefangen hatten mit einem Dekret über den Frieden und einem Dekret über den Boden, dass das Wort Gerechtigkeit von nun an etwas Neues bedeuten sollte in der Welt, undeutlich konnte er es hören, *an alle / an alle / an alle*, und noch mehr Zeit brauchte er, es denn zu glauben.

Fraternisieren beim Waffenstillstand kannte er als Gerücht. Im Januar Wilsons Vierzehn Punkte. Im Februar 1918 der Friede von Brest-Litowsk, dessen gierige Bedingungen dann den Siegern in Versailles gegenwärtig sein werden. Im Westen bleiben die deutschen Offensiven stecken, bei Arras, bei Armentières, bei Soissons und Reims. Die Alliierten drücken mit frischen Truppen und massenhaft Tanks die Deutschen auf ihre Siegfriedlinie zurück, im September bittet Bulgarien die Entente um Waffenstillstand, jener mecklenburgischen Vermittlung ungeachtet, in Mecklenburg gehen die Kinder im zweiten Jahr barfuss, auch in den Städten, alles Leder für Kriegszwecke, im Juli haben Frauen nun auch in Wismar Brotläden gestürmt, Belagerungszustand. Revolution in Wien, Gründung der Tschechoslowakei und Jugoslawiens. In dieser Zeit lernt Cresspahl ein Auto zu fahren, das hat Kliefoth mir später mit Datum versehen, nun bin ich verlegen, wo dies einbauen in meines Vaters Leben. Wäre ich auf seine Fahrgäste neugierig gewesen!

Von Mitte Oktober an hapert es mit der Zustellung von Post in Cresspahls Bereich von Ober-Ost, das galt für die Drucksachen mehr, die deutsche Revolution musste er sich erzählen lassen: Am 24. Oktober 1918 gibt Admiral Scheer den Befehl zum Auslaufen der Hochseeflotte gegen die Themsemündung (der Krieg zu Wasser war Cresspahl kaum vertraut, oder kam in meinen Fragen zu fahrlässig vor). Die Matrosen glauben an eine Todesfahrt, auch haben sie die Erschiessung von Reichpietsch und Köbes im Gedächtnis, sie betragen sich ungehorsam in Wilhelmshaven und Kiel. Noch heisst das Meutern. Am 5. November Demonstrationsversammlungen in Warnemünde, die Matrosen der Flugzeugstation und der Vorpostenflottille verweigern den Dienst unter den jüngeren Offizieren (die verziehen sich nach Rostock), am 6. rote Fahnen auf vielen Schiffen, Streik in der Neptunwerft, Soldatenrat in Gehlsdorf. Am gleichen Tage bildet sich ein Soldaten- und Arbeiterrat auf dem Alten Garten in Schwerin, übergibt die Garnison in Güstrow an einen Rat, bald Räte in fast jeder mecklenburgischen Stadt, selbst in solchen ohne Garnison. Am 9. November wird in Berlin die Republik ausgerufen. Wilhelm der Zweite, König von Preussen und deutscher Kaiser, wünscht erst, durch einen kleinen Spezialangriff an geeigneter Stelle der Front den Soldatentod zu finden, alles mit dem Maul, immer mit dem Maul voran, am 10. schleicht er sich nach Holland, einen Tag, bevor in Compiègne der Waffenstillstandsvertrag unterzeichnet wird. Am 14. marschiert der Arbeiter- und Soldatenrat von Schwerin, gefolgt von lärmendem Volk, auf das Schloss. Ein »dunkelhaariger Tiroler«, als Munitionsarbeiter nach Mecklenburg verschlagen, tritt mit einem blanken Fleischermesser in der Hand vor den Landesherrn, der dagestanden haben soll wie die Kuh, wenn's donnert. *Herr Herzog / Ihre Zeit ist um / jetzt geht es Ihnen an den Kragen!* rief jener entliehene Revolutionär. Das war alles. Das genügte. Am gleichen Tage verzichtet Friedrich Franz IV. auf den Thron von Mecklenburg-Schwerin, es gab da einen Thron! »für Mich und Mein Haus«, übernachtet noch mal im Jagdschloss Ludwigslust, am 16. November reist er mit Familie und Gefolge über die beliebte Route Warnemünde – Gjedser zu seiner Schwester nach Kopenhagen, woselbst sie mit Christian X. von Dänemark verheiratet ist. Am 15. Dezember wurden im Strelitzschen Wahlen zu einer verfassunggebenden Versammlung abgehalten (21 sozialdemokratische, 21 bürgerliche Abgeordnete), im Schwerinschen am 26. Januar 1919 (32 Sozialdemokraten, 17 Demokraten, 11 Deutschnationale, 2 Deutsche Volkspartei, 1 Mittelstandspartei, 1 Dorfbund). Wahlberechtigt und wählbar waren alle Personen männlichen und weiblichen Geschlechts, welche am Wahltage das 20. Lebensjahr vollendet hatten und eine Staatszugehörigkeit (oder den Soldatenstand) nachweisen konnten. Für alle Wahlberechtigten, mit Ausnahme der Militärpersonen und derjenigen über siebzig Jahre bestand eine Wahlpflicht. Es war »eine bürgerlich-demokratische Revolution, die in gewissem Umfang mit proletarischen Mitteln und Methoden durchgeführt wurde«. Wir haben sie als mit Fehlern behaftet gelernt. *Friedrich Franz – Friedrich Franz – Richard.*

– Was dein Vater entgegnete auf die Klagen in den neuen Freien und Volksstaaten Mecklenburg, du musst es erschliessen können, du bist die Tochter! Schlicht weil ich gelebt habe mit ihm zu Kinderzeiten, er mit mir umging wie einer für ihn zu jungen, wie immer verwandten Person. Selbst wenn jemand den eigenen Vater beobachtet hätte ohne Unterlass (worauf es mir zu früh ankam, und zu spät), er würde kenntlich für Steckbrief und Grabrede, von ihm wäre geblieben was zu hören, was zu sehen war, flackernde, verwischte Schatten auf dem Gitter der Erinnerung. Selber lebe ich mit einem Kind mit Heimlichkeiten vor ihr, verschweige ihr nicht bloss starken Tobak bis zu einem nächsten Jahr (in dem er mir entfallen wird), schlicht Stücke von mir, für die mir Worte fehlen, die in Worten zu begreifen ich mich fürchte, die ich abseits von Worten erworben habe. Nun erst Cresspahl! Ein Betrachter, der sich einen einsilbigen Hinweis auf Farbenwirkung untergehender Sonne nach einer halben Stunde verbat mit der Ermahnung: das sehe man auch ohne Rederei. (Eine Ausrede, mich zu entschuldigen für versäumte Fragen.) Seine Ansprüche an mein Betragen waren mir bewusst, auch wenn ich mich verging gegen sie; was er erwartete von sich selbst, wie soll ich danach fassen. Als ob er sich ergäbe aus seinen Handlungen! ebenso konnten sie ihn enttäuschen. Gewiss, Wulff und Frau Pastor Brüshaver und Herr Tannebaum, sie würden sich einigen auf Eigenschaften Cresspahls; so sei er »rechtlich« gewesen in jener Sprache, die verschollen ist. Sie haben mit ihm gestanden, mit ihm sich besprochen in Augenblicken, in Jahren, die unvollständig waren ohne eine Sicht auf die Zustände und Lebensalter, in denen er fern von ihnen vorkam, in denen er sich anfing und veränderte in Schmerzen oder mit Entschlüssen, die ihm womöglich längst aus dem Gedächtnis geglitten sein mochten oder in seinem Rückblick sich anders ausnahmen als vor Ort; was sie für einen Vorzug des Charakters hielten, kann er sich beigebracht haben, nämlich aus einem Gegenteil. Da darf doch mehr als eine Form des Möglichen sich versuchen in der Wirklichkeit, die sich ohnehin auflöst auf ihrem Rückzug in die Vergangenheit. Rechtlich. Immer, ein für alle Male, wegen damals? Zurück in der Heimat, ein Gewehr auf dem Rücken, den Kriegsgewinn in einem schlappen Beutel, er wird rasch gemerkt haben, dass die Heimat andere Sorgen hatte als die um sein leibliches oder gewerbliches Wohlergehen. Der Stolz der Tochter, wenn schon nicht die Sozialdemokratie, will davor bewahren, er habe Kriegsanleihen gezeichnet; zerronnen und zerflattert in der Kriegswirtschaft war das Geld doch, das er bis 1914 gespart hatte für die Anzahlung auf die eigene Tischlerei. Wer nicht satt wurde, hatte draufzulegen beim Barras. Wie überall im Land, so war Arbeit knapp in Waren/Müritz, erst recht für einen Meister. *Hunger treibt's rein, und wenn das Schweinebraten is.* Da kann er sich aufwärmen in einer Runde von Bauern, die jammern über die vermaledeiten Viehdiebstähle, ein lebendiger Hund von der Kette los, das Tor mit zwei Balken verriegelt, die letzte Sau hat den Weg allen Fleisches beschritten; da kann er mitleidig, versöhnlich den Kopf schütteln und doch einer von denen sein, die in jenen Stall gestiegen sind an einem bekannten, ja befreundeten Hund vorbei, und sich erst losgesagt haben von den Kumpanen, als die mehr Ferkel umbrachten als sie zu tragen vermochten alle zusammen. Denn wenn es um Eigentum ging, hielt er unterschiedliche Sorten. Die Enteignung von Friedrich Franz und Wilhelm war ihm recht, das bleibt mir sicher aus dem Fürstenentscheid, als die Enteignung in die Binsen ging; er selber war aus auf Eigentum und hat später welches besessen und eingeschlossen und versichert, sogar solches an Produktionsmitteln. Was aber, wenn es Frühjahr 1919 ist und das Sechspfennigei von 1914 kostet das Fünffache, in einem fremden Hühnerstall bloss den im Felde geübten Griff? Ein Mittagessen im Ratskeller von Waren hatte bei seinem letzten Besuch, 1916, zwei Mark gekostet, jetzt sollte er acht und noch etwas auf den Tisch des Hauses legen. Waren Geldverfall und Schwarzhandel für ihn eine Quelle des Erwerbs, oder war daran für ihn mit Händen zu greifen, wie ganz untauglich eine grossherzoglich-kaiserliche Verwaltung sich aufgeführt hatte? Oder, genug Leute waren traurig über die von Schmutz umrandeten Stellen in Bahnhof und Rathaus, wo Fürst und Kaiser und Landeswappen geprangt hatten, da muss ich ihm die Wahl lassen unter drei Einfällen: Die Wand müsste mal gestrichen werden; Mir ist, als hätten die abgedankt; Da gehört ein Bild von Eberten hin. Arbeiter- und Soldatenräte gab es, Bürgerräte, Volksräte, Bauernräte, Angestelltenräte, Beamtenräte; geklaut wurde, als gebe es keine Polizei in Mecklenburg. Entweder hielt er gegen dies Lamento die Anmerkung, ob denn wegen der Sache mit den Räten Karl Liebknecht und Rosa Luxemburg hätten totgeschlagen werden müssen, oder er begnügte sich damit, entgegen dem Befehl zur Ablieferung seine Knarre zu behalten, damit ein Einbrecher bei ihm vor die unrechte Schmiede geriet. *I'm all right, Jack, pull up the ladder.* Am liebsten wäre mir, er hätte auf jedwede Beschwerde wiederholt: Aber der Achtstundentag ist Gesetz, aber die Frauen haben das Wahlrecht, aber der Akkord ist verboten, aber die Gesindeordnung ist aufgehoben. So bekäme ich ihn am schnellsten und heil auf das Gut Bobzin bei Malchow, wo er mit einer neuen Generation der von Haases eine Arbeit aushandeln konnte nach Zeiten und für eine Bezahlung unter dem neuen Gesetz, eben weil die Gesindeordnung abgeschafft war, damit Keiner sagen kann, mein Vater sei am Ende doch wieder untergekrochen bei seiner Herrschaft um des lieben Brotes willen. Das war was für andere, mit dem Warener Arbeiter- und Soldatenrat die Bürger zu erziehen, aufzumarschieren gegen die vergessensfreudigen Tanzmusiken, Kappenfeste, Lumpenbälle; auch gehörte er in Waren ja weniger dazu als in, ja sag mal: Malchow. Er wird es den Genossen dargestellt haben, als müsse er allmählich nach den Eltern und der Schwester sehen, und einem hat er wohl hinterlassen: Wenn mal was anliegt, schickt Wort.

Am 13. März 1920 ernannte der Generalmajor von Lettow-Vorbeck seine Person zum militärischen Befehlshaber in Mecklenburg, verhaftete die schweriner Regierung, setzte sie in der Infanteriekaserne in Schutzhaft, worin die Herren förmlich zurücktraten, »um Blutvergiessen zu vermeiden«. Dem Lettow-Vorbeck passte die Republik nicht, ebenso wenig wie dem ostpreussischen Landschaftsdirektor Kapp (erinnerlich als Mitgründer der Vaterlandspartei) oder dem General von Lüttwitz und seinen Freikorpsverbänden, die nach den Vorschriften des Vertrags von Versailles aufgelöst werden sollten, die marschierten am selben Tage, *Hakenkreuz am Stahlhelm, schwarzweissrotes Band*, in Berlin ein und besetzten das Regierungsviertel. Die Regierung war nach Dresden geflohen, eben dass sie noch einen Aufruf zum allgemeinen Streik herausgab. In Schwerin gingen die Sozialdemokraten einmal mit den Kommunisten, den Gewerkschaften und der U.S.P.D. in einen Aktionsausschuss und erklärten den Generalstreik für Hauptstadt und Land. In Waren streikten die Arbeiter acht Tage lang, vom 14. bis 21. März, sorgten nur für die Versorgung mit Elektrizität, Gas, Wasser und Lebensmitteln. Da muss Cresspahl noch nicht in Waren gewesen sein; gewiss kam er, als er den Knall gehört hatte. Das war am 18. März, da rückte der Baron Stephan le Fort, Besitzer von Boek, mit seinen Baltikumern vor Waren, brachte ein Geschütz in Stellung, das Neffe Peter als Souvenir aus dem Kriege mitgebracht hatte, und beschoss die Stadt. Elf Schwerverletzte, fünf Tote, darunter ein Mädchen von siebzehn Jahren. Am Rathaus soll das Einschussloch einer Granate noch heute zu sehen sein, zu Denkmalszwecken wohl. Jetzt sammelten Landarbeiter sich im Schmachthagener Holz, bewaffnet mit Sensen, Knüppeln, gelegentlich einer Flinte. le Fort, ein Junggeselle, dem weder Frau noch Kinder ein Mitleid eintrugen, galt als gewaltiger Säufer, Fresser, Jäger, als ein Nichtstuer, der seine Arbeiter drangsalierte, ihnen die Mitgliedschaft im Landarbeiterverband verbot, einem einfach den Lohn vorenthielt, wollte er ihn loswerden, und neun Erbpächter hatte er gelegt, um deren Acker für das Wild freizukriegen. Nun nannte dieser Rittmeister a.D. sich einen Bezirksleiter der »provisorischen Regierung«, hatte über die Stadt Waren den Belagerungszustand verhängt und drohte der Bevölkerung bei Waffenbesitz mit der Todesstrafe, mit Standrecht und ausserordentlichem Kriegsgericht. *Das hilft weiter nichts, die Kerls müssen totgeschossen werden, es ist ja Krieg*. Die warener Arbeiter warteten auf den Befehl ihres Exekutivkomitees zum Losschlagen, das Komitee aber und der Rat der Stadt baten um Ruhe und Ordnung. Als sie eigenmächtig Gewehre aus dem Rathaus und dem Hotel Kay am Neuen Markt holen wollten, fehlten darin die Schlagbolzen. Die hatte ein Sozialdemokrat rausgenommen, Roedemann, Wachtmeister der Sicherheitspolizei; der kam dann um Schutzhaft ein. Der Sturm auf Boek fiel also aus, *de Kierls scheiten jo*, und einer Anklage wegen Hochverrats und Anstiftung zur Tötung entging le Fort später genau wie die v. Plessen, v. Maltzan, v. Oertzen, v. Buch, v. Bassewitz, und was sonst noch verzeichnet ist im Buch des mecklenburgischen Adels. Als die Landarbeiter auf Gut Krukow marschierten, liess der Freiherr von Maltzan ihnen mit einer weissen Fahne winken, bis sie nahe genug waren und er für seine Maschinengewehre den Feuerbefehl erteilen konnte; es wurde auch mit Schrapnells geschossen. Vier Tote, fünfzehn Verwundete. Aber im Gutshaus Neuhof wurden 18 Gewehre erbeutet, ein Maschinengewehr und reichlich Munition; in Puchow 20 Gewehre. Im Morgengrauen auf Gut Vietsen dachte Pächter Papenbrock von der Freitreppe herunter zu verhandeln und verpfändete sein Ehrenwort dafür, dass bei ihm keine Waffen versteckt seien. Gefunden wurden neun Infanteriegewehre und zweihundertzehn Schuss Munition; da hatte ein Kind sich gehalten an die Ehrlichkeit, die die Eltern ihm predigten, meine Mutter, ein kleines Mädchen in einem knöchellangen weissen Nachthemd, sich das Haar ums Handgelenk windend vor Verschlafenheit. *Treck di doch wat up din Föt, Kind*. So hat Cresspahl sie zum ersten Mal gesehen, ohne in ihr die Ehefrau von 1931 zu ahnen, aber die anderen sah er doch auch: die süsslich barmende Madam Papenbrock mit ihren anderen Kindern, dem schlappen Tangojüngling Horst und der schnippischen, ganz herrschaftlichen Hilde von damals, schliesslich den alten Papenbrock mit seinem Offiziersgehabe, den Breeches und Stiefeln, einen Mann mit zwei Sorten Ehrenwort, einen Agrarkapitalisten nach der Lehre der Partei, der war doch gar nicht echt ohne Handpeitsche. Nachdem der Streikrat abgezogen war mit nun zwei und drei Gewehren auf den Schultern, setzte ein ergrimmter Vater Lisbeth für zwei Wochen auf Brot und Wasser. Am 19. März floh Kapp per Flugzeug nach Schweden, wahrscheinlich mit blauer Brille; am 20. kehrte die Regierung nach Berlin zurück; die Reichswehrführung versetzte Lettow-Vorbeck weg aus Mecklenburg. Im April sagte der Abgeordnete Heinrich Schmidt aus Nienhagen (S.P.D.) im schweriner Landtag: »Bemerkenswert ist, dass Hunderte von Landarbeitern in Mecklenburg verhaftet wurden ... dass die Arbeitgeber in der Landwirtschaft einen schweren Fluch auf sich geladen haben insofern, als sie diese Leute namhaft gemacht haben, damit sie verhaftet wurden ...« Es waren auch welche erschossen worden, mit Beihilfe von Grossgrundbesitzern, noch nach dem Zusammenbruch des Putsches, und für Cresspahl war diese Gegend von Mecklenburg fürs erste verdorben. Der Baron le Fort holte sich Ende April sechs Mann vom Selbstschutz Schlesien. Vier stellte er als Waldarbeiter an, einen als Jäger, einen als zweiten Inspektor; die hatten ihr Quartier im Schulhaus. Cresspahl war jenseits der Grenze von Mecklenburg. Er hatte nun einen Weg angefangen, der brachte ihn weg aus Deutschland.

Am 6. April 1920 wurde in Malchow, wo die Güstrower und die Teterower Chaussee einander begegnen, das Tuch abgenommen von einem Denkmal für die militärischen Todesopfer des Krieges. Enthüllt war eine Muskelstudie, männlich, auf dem rechten Arm und halbem Arsch rückwärts lehnend, die Hand auf liegendem Schwert, einen mythologisch fehlberatenen Helm am Hinterkopf, dickliche Geschlechtsteile, am ausgestreckten linken Arm einen angebrochenen Schild aus Vorzeiten, darin ein Hakenkreuz. Mit diesem Zeichen am Stahlhelm waren die Freikorps aus Riga zurückgekommen. Es gab Bürger Malchows, die zweifelten, ob denn die siebzig Toten der Stadt unter einem Kreuz mit Haken gefallen waren, aus dem fernen Westfälischen vermeldete Leutnant Kliefoth, er habe weder für crux gammata noch für Swastika gekämpft, von den Juden wird überliefert als Urteil: Auweih; der Magistrat bestellte eine kupferne Platte, das indische Symbol des Wohlbefindens zu verdecken. Nun war ein Gemüt aus Plau in der Seele seiner Kunst gekränkt, auch hatte der Urheber einst Station gemacht nicht nur in Rom sondern auch in New York und in St. Louis etwas aufgestellt namens Die Nackte Wahrheit, die Rostocker dankten ihm einen Friedrich Franz III., die Güstrower erfreuten sich John Brinckmans Voss und Swinegel von seiner Hand, *dat Brüden geiht üm*, den Teterowern hatte er ihren Hecht auf einen Brunnen gemacht; das Hakenkreuz blieb dran. A First In Germany. Cresspahl arbeitete in Bremen, was weiss ich für wen. Im Juni stimmte er noch einmal für die Sozialdemokraten, eher weil es seine Partei war, als dass er mit dem Vorstand glaubte, Deutschland sei nunmehr

»zum freiesten Staat der Welt« geworden (Weimarer Parteitag, 1919). Anfang März 1921 verlangten die Matrosen der Seefestung Kronstadt von den Bolschewiki neue Wahlen, Pressefreiheit für alle linken Zeitungen, Freilassung der politischen Gefangenen, *an alle, an alle, an alle,* die dritte Revolution wünschten sie; der zuständige Minister Trotzki liess sie zusammenschiessen. Im April verminderte die alliierte Reparationskommission die 226 Milliarden Goldmark, die Deutschland für den Schaden des Krieges zahlen sollte, um drei, *le boche payera tous, make them pay;* Cresspahl verlor in Oldenburg bei Bremen eine Arbeit. Im August ging ein ehemaliger Finanzminister auf dem Kniebis im Schwarzwald spazieren, der hatte 1917 dem Reichstag einen Verständigungsfrieden vorgeschlagen, 1918 den Waffenstillstand in Compiègne unterzeichnet und später für den Versailler Vertrag gesprochen, deswegen und wegen seiner Finanzreform erschossen ihn zwei junge Offiziere mit Ehre, *heilig soll uns der Mörder sein, / die Fahne Schwarz-weiss-rot.* »Erfüllungsgehilfen« hiessen in der Republik nun solche Politiker, die sich hielten an das, was sie oder andere im Namen der Nation unterschrieben hatten; hier hätte Stalin beizeiten lernen können, was Churchill und Roosevelt bereits wussten von deutscher Vertragstreue. Stalin war anderweitig beschäftigt. Cresspahl fuhr Roggen ein im Holsteinischen, an der Küste gegenüber Mecklenburg, mit oft klarer Sicht auf den Turm der Petrikirche von Jerichow. Er war da in Kost und Logis bei einem Vetter; nie hat er mich aufgefordert, den zu benutzen als Verwandtschaft, tatsächlich habe ich vergessen, wo die wohnen. Sie werden ihn behandelt haben schlechter als einen Knecht, so dass sie ihm Lohn vorenthielten wegen der familiären Bande. Im Frühjahr darauf schloss der Reformkapitalist, jetzt Aussenminister Rathenau in Rapallo mit der R.S.F.S.R. Vertrag, wonach die Deutschen wie die Sowjets gegenseitig verzichteten auf

Ersatz der Kosten und Schäden des Krieges, die Deutschen obendrein auf sozialisiertes Vermögen, einen Gläubiger hatten die nun weniger am Hals; *knallt ab den Walther Rathenau, die gottverfluchte Judensau.* Am 24. Juni erschossen national, ideal, soldatisch gesinnte Jugendliche diesen Minister mit Maschinenpistolen. *Dieser Feind steht rechts.* Und die Kinder bekamen schulfrei. Die westlichen Ausländer, seit der Heimtücke von Rapallo misstrauisch genug, brachten die Mark zum Umkippen, die bisher schleichende Inflation in Galopp, ein Jahr später kostete das Brötchen achtzig Mark, das Pfund Molkereibutter dreizehn- bis fünfzehntausend Mark. Die mit meinem Vater verwandte Familie floh in den Sachwert einer Gastwirtschaft. Im Herbst 1923 erkannte die moskauer Zentrale eine revolutionäre Situation in Deutschland als für gegeben auf der Grundlage der Verelendung der Mehrheit der Werktätigen infolge der Inflation. Die Franzosen hatten anlässlich verspätet gelieferter Telegrafenstangen das Rheinische und das Ruhrgebiet besetzt, die Herren F. Flick, H. Stinnes, O. Wolff, G. Quandt, P. Klöckner et alii investierten mit unverfrorenen Krediten, rückzahlbar bei garantiertem Wertverlust, in ihre wachsenden Konzerne, eine Rheinische Republik und die Pfalz wollten los vom Reich, Bayern tat unabhängig. Die Kommunisten in Sachsen und Thüringen pfiffen auf das Verbot ihrer proletarischen Hundertschaften, *wir werden die Massen mobilisieren*, die Reichswehr rückte ein, die Zentrale der K.P.D. nahm den Beschluss über Generalstreik und bewaffneten Kampf zurück, im fernen Hamburg, fern der Ahnung, gab Ernst Thälmann am 23. Oktober Befehl zum Überfall auf die Polizeireviere von Barmbeck, geordneter Rückzug am nächsten Tag. In Waren a.d. Müritz entwaffneten Leute von den Hundertschaften die blaue Polizei im Rathaus, aus Güstrow marschierte die grüne an, die Sicherheitspolizei. Sieh an, Cresspahl bekam Post aus Waren. Anfang November schoss Hitler in Bayern gegen eine Wirtshausdecke; am nächsten Morgen, als die Polizei schoss, lief er davon. Am 15. November gab die Rentenbank für eine Billion Papiermark nur noch eine Rentenmark, keinen Pfennig mehr, das Geld war wieder Geld. Irgend wann in dieser Zeit gab Cresspahl den Sozialdemokraten sein Mitgliedsbuch zurück; nach seiner Anschuldigung gegen den Parteitag von 1922 könnte es gelegen haben an dem, was wir in der Schule hatten als den so schädlichen Zentrismus. Zwar sprach er von Sachen oben hui unten pfui, unter den Teppich gekehrt, breit gesessen. Keiner weiss, was ihn da gegen den Strich gebürstet hat, von Abonnement bis Zentrismus darf ich mir aussuchen; nicht einmal will einer mir sagen, ob denn dies ihn auf den Weg schickte aus der Republik des Deutschen Reiches hinaus. *Du töw man, bet du wedder to Hus kümmst!*

»Reisende Leute soll man nicht aufhalten.« Dies Lied wurde viel gesungen auf Cresspahl, wenn nicht ihm ins Gesicht. Duldsam soll es klingen, bitter ist es, Wut wohnt darin. Es reimt sich auf Sagen: es hat ihm nicht gefallen bei uns, er hat was gegen uns, er hat uns verraten; es reimt sich auf Fragen: was kann denn sein an anderen, dass er sie uns vorzieht? Wilhelm Lehmann II. verzeihen sie, Cresspahl entzogen sie Vertrauen auf Lebenszeit. Darauf bestanden sie: es sei das wirtschaftliche Wohlbefinden noch immer national geschieden gewesen, als wäre es ihnen besser gegangen ohne seine Abtrünnigkeit, als hätte er sich Vorteil eingehandelt im Fremden, als Ausländer unter einheimischen Arbeitlosen. Die Stütze, auf die er in Deutschland verzichten wollte, mussten die Holländer ihm verweigern; die weimarer Republik hingegen genoss eine Periode der relativen Stabilisierung des Kapitalismus, so sagte es unser Schulbuch. Immerhin hat er gewartet, bis das Schlimmste vorbei war. Was verschlägt das. Dass er so gar keine

Gründe anbot! Eine Liebe im Ausland hätten sie ihm nachgesehen, rührselig, einsichtig halb und halb; sie haben von der Exogamie die Gebote behalten, wenn nicht die Kenntnis. Die Heirat ausserhalb der eigenen Geburtsgruppe, die feindliche sollte sie versöhnen. Solche Entschuldigung fällt aus, es fing beiläufig an, schlicht mit der Richtung, die heranwächst zwischen Holstein und Hamburg und Bremen und Leer. Mal über den Zaun sehen, appel, voet, maken, goed, mal vorbeikommen in Groningen, zur Not bleiben in Amsterdam. Erst war da gar kein Mädchen für ihn. Bei den Fremden war er. Bleibe im Lande und nähre dich redlich! Es ist die Jungensbande, die den verhaut, der einem blödsinnigen Streich fernbleiben möchte; es ist der sittlich empfindende Bürgerverein, der wenn nicht die Wohlfahrt so doch die Verantwortung breit streuen will; es ist der Strafantrag gegen den Aussenseiter für seine Auflehnung gegen das Tabu des Zusammengehörens. Hätten sie ihn nun auch noch sprechen hören von »de Dütschn«, als seien ihm die ein unvertrauter Stamm! Nicht einmal ein fuoruscito war er, wie sie jetzt vor Mussolini auswanderten; in Waren hätten die Herren auf dem Amtsgericht bloss noch gegrummelt gegen einen, der hatte einst versucht, der Republik gegen die Putschisten beizustehen, das Einbuchten wäre unterblieben. In Malchow stand 1924 ein Haus samt Werkstatt zum Verkauf, das Geld dafür hätte er zwar abliefern müssen an die Gläubiger von Peter Zabel, statt an Gesine. De süppt, Peter Zabel, de wür sin Fru verköpen för noch een Staebel witten Wien. Mit einer Anzahlung wäre es gegangen, Kredit hätte er bekommen. Verlässt das Haus. Er ist zurückgekehrt später, eine aus Mecklenburg hat er geheiratet, endogamer ging das gar nicht; es wurde nie ganz richtig zwischen ihm und denen, die geblieben waren. Das ist wie Unkraut.

Welche sind, die halten dafür, auch von ihnen sei schwer zu verlangen gewesen, dass Einem die Deutschen unabänderlich gefielen in Wort und Bild und Tat. Da war die widerwärtige Hetze der Nationalisten, ob nun monarchistisch oder soldatisch gesinnt, gegen den Reichspräsidenten Ebert, bis den in der Verteidigung seines Amtes der Tod überkam, mit vierundfünfzig Jahren. Dabei war dieser Mann mit der Sattlerlehre ihr Mann gewesen, ob er nun noch 1918 einen Munitionsarbeiterstreik abwürgte zwecks Verlängerung des Krieges oder vorgezogen hätte, es bleibe die Monarchie erhalten; es war eben abträglich in diesem Land, wenn einer ein Handwerk gelernt hatte. Die »Tägliche Rundschau« kläffte ihn schon 1919 an als »Friedrich den Vorläufigen«, und seine Innung soll ihn ja ausgeschlossen haben, als er an der Spitze der Republik seine Schuldigkeit tat. Aber auch die Kommunisten lehnten ab, dass das Reich die Kosten für seine Beerdigung übernahm. (Seiner Witwe wurden an die fünfhundert Mark Rente zugesprochen; sie kam damit aus, für das Ansehen des Präsidentenamtes war es zu wenig; die Bezüge eines gescheiterten Generalquartiermeisters von der weiland obersten Heeresleitung beliefen sich im gleichen Monat auf 12.000 Mark.) Erstmals nun sollte der deutsche Präsident Stimme für Stimme durch das Volk gewählt werden, statt durch die Abgeordneten; wen nahmen die Deutschen denn wohl? einen Paul von Beneckendorff und Hindenburg. Einen Rauschebart, der angab mit einer einzigen Schlacht, während der er schlief, *unser getreuer Ekkart*, der nach eigenem Bekunden kein Buch gelesen hatte als was man so braucht für die Konfirmation und das Exerzierreglement, dem der Krieg bekommen war »wie eine Badekur«, der nach dem Krieg die jüdischen Frontsoldaten beschimpfte und sich eigens einen englischen General erfand, der geäussert haben sollte, es sei die deutsche Armee »von hinten erdolcht« worden. Es gab solchen General weder in England noch anderswo, aber neben ihm fiel weniger auf, dass es dieser kaiserliche Generalfeldmarschall war, der den Krieg für Deutschland verloren hatte. Einen Militär suchten die Deutschen sich aus als ihr Oberhaupt, einen Befehlshaber in der kaiserlichen Uniform. Er fing es denn auch an, indem er die ausgebüxte Majestät im niederländischen Exil um Erlaubnis bat und ansonst sich ausbedang, Niemand möge ihm zumuten, seinen eingefleischten Monarchismus aufzugeben. Zwar Stresemanns Vertrag von Locarno unterzeichnete er noch, dann sorgte er dafür, dass an ausländischen Plätzen neben der Fahne der Republik *schwarz-rot-senf* wieder die wilhelminischen Farben aufgezogen wurden, und 1926 zum Volksbegehren über die Enteignung der Fürsten konnte man bei ihm einen öffentlichen Brief bestellen, in dem er dies empfand als ein grobes Unrecht, einen bedauerlichen Mangel an Tradition und als groben Undank. So war dieses Berufssoldaten parteipolitische Neutralität beschaffen, so tat er das Seine, damit es nur kam zu fünfzehneinhalb Millionen Stimmen statt der erforderlichen zwanzig; so ergatterte der Grossherzog von Mecklenburg-Schwerin eine Rente von 1066,69 Mark pro Tag, die Schlösser Doberan und Ludwigslust waren ihm bereits übergeben, ebenso das Kavalierhaus in Gelbensande und die drei Villen in Heiligendamm, an Gütern und Forsten verfügte die Familie über einen Grundbesitz von 8491 Hektar. *Und deiner Krone Glanz / Trübe sich Nie.* Der ehemalige Kaiser in Doorn, Besitzer eines Gutes im Wert von Millionen, bezog von der Republik pro Tag noch um die Hälfte mehr als die Mecklenburg-Schweriner. Wer aber in seinem Krieg ein Drittel Lebensfähigkeit eingebüsst hatte, durfte sich verlassen auf tägliche siebenundzwanzig Pfennige. So mochte Cresspahl wenig Verlangen quälen nach der einen Mark und zweiundzwanzig Pfennigen, die ihm als Arbeitslosem in der Heimat zugestanden hätten.

Solche haben so zu reden spät gelernt, und reden daneben. Mit den Gründen, die sie Cresspahl unterschieben, werden sie vollends zum Bloch'schen Ei am Bahnhof, das zurückbleibt in verschwiegenem Neid auf den reisenden Pfeil. Lediglich verraten sie, dass sie sehr wohl imstande wären, die eigene Gruppe zu strafen mit dem Entzug ihrer unentbehrlichen Person; meinem Vater war, durch soziale Enteignung, seine Entbehrlichkeit beigebracht. Obendrein, wie konnte er den Deutschen entkommen, da auch die Holländer einen Namen für sie benutzten, also für ihn, und unweigerlich sah er jene Schlagzeile am Kiosk zuerst, die sie anging und ihn hineinzog. Bei solcher Kenntnisnahme blieb es fürs erste, Geld fehlte ihm für eine Zeitung wie für den Verzehr in einem Kaffeehaus, wo den Gästen Lesefutter gehalten wurde. Dass er in Amsterdam bedrucktes Papier aus Abfallkörben gegriffen hätte wie die Armen New Yorks, ich verweigere es. Arm war er, den Aufzug des Stadtstreichers muss ich zugestehen. Er war ja seit Bremen zu Fuss unterwegs. Wäre es nach seiner Magerkeit gegangen, die Sonne hätte hinter ihm keinen Schatten werfen dürfen. In solch abgerissener Jacke traute er sich nicht auf das englische Konsulat, die war unzulänglich als Empfehlung für ein Visum. Denn England sollte es sein (und danach die Gegenden zwischen dem Ärmelkanal und Chiusaforte?). Dabei wusste er von England nur einige aussenpolitische Positionen (davon die deutschen wohl besser als die japanischen), den englischen Zug, der alte Redebrecht verstand sich auf Schubladen, und dass bei den Bobzins die Pferde »englisch gemacht« wurden, was dem Kind über den Verstand gegangen war. Die vorrätigen Phrasen von Englisch, aufgeschnappt in deutschen Häfen, bei britischen Seeleuten in Scheveningen verfingen sie kaum. *Wecke ein weit, wohen hei gåhn sall und wo he gåhn möt, de is all halw dor.* Es war bloss die Neugier, erst auf den Weg, dann auf das, was hinter dem Wasser war. Da war er anders, ich liess mich schicken. Solch Unterwegs, es passt befremdlich zu seinen sechsunddreissig Jahren. Allerdings war ihm bewusst was galt als gehörig für einen Mann in mehr als dem halben Lebensalter; es konnte ihm noch bevorstehen. Einst würde er das Mädchen finden, das er gleich einem Haarriss von Enttäuschung spürte neben der, die er gegenwärtig im Arm hielt, irgend wie würde er genug sparen für eine Werkstatt und ein Haus, irgend wo würde er bleiben. Vorläufig war er auf dem Weg in eine vorletzte Gelegenheit, sein Bewusstsein von der Welt aufzufüllen, und er wäre recht erstaunt gewesen, hätte Jemand ihn dafür getadelt. Er hielt es für erlaubt, dass Einer auf die Stör geht nach seinem Belieben; solange er seinen Unterhalt eintauschte von den anderen mit Arbeit. Wenn da die Orte ihm gleich gültig waren, wohl oder übel muss ich es verlängern auf die jeweilige Gruppe, oder doch ausschliessen, dass es ihm nur ankam auf die gebürtige. Was heisst hier Preisgabe der Heimat! was war ihm davon gelassen als was er im Kopf mitführte. Es lief als Versuch, und mir ist, ich kennte das Gefühl aus Schulferien, wenn sie eben angefangen haben und für lange bevorstehen, Ferien mit Arbeit zwar, aber doch ein wenig Verfügung darüber. Als Stauer im Ij-Hafen, im Ei, schlug er sich durch, vom Pier zwei bis zwölf.

Die Niederlande, Amsterdam, als Station wollte er sie benutzen, als einen Widerstand, der den Wunsch nach fortgesetzter Reise prüfen sollte. Er blieb da fast zwei Jahre. Das kann ich schieben auf die Zurücksetzung unständiger Tagelöhner; da kann ich mich halten an einen Namen: Mina Goudelier. Eine Erfindung; eine Möglichkeit. Im Lebenslauf aus dem Gefängnis nennt er eine Witwe Goudelier als Zimmerwirtin, an der Kostverlorenvaart, bei den Grossmarkthallen. Während der Haftzeit muss er sie für unerreichbar gehalten haben, oder für zuverlässig verstorben, sonst hätte er die Person unterschlagen, und überdies lieferte er seinen Vernehmern einen Kanal als Adresse statt, etwa, der Strasse Kostverlorenkade, die gerade gegenüber der spitzen Insel vor den gefächerten Bassins des Zentralmarkts aussetzt, so dass die auch hätten suchen dürfen auf dem anderen Ufer, in der Buys- oder Geuzenkade. Später einmal hörte er zu, als ich einem sächsischen Besucher das mecklenburgische Lining und Fining und Mining vortrug, und ergänzte beiläufig, ganz Gastgeber in Konversation, wie die Holländer allzu gewichtige Vornamen mundgerecht kürzen. Mina, das sitzt mir verrutscht auf dem Kopfputz einer Witwe; da ist eine Tochter gewesen. Es braucht Zuversicht, einen Überschuss an Mut zum Leben, damit vermag ich sie herzudenken, keine junge Schönheit, *de hüpschsten Blaumen ståhn nich lang an 'n Wech*, keine Hässliche, *sünndags hinkt kein Diern*, die frage ich gern, wie sie es angestellt hat mit solchem Mieter in der Kellerkammer, einem Mecklenburger, auch jenseits der Jugend, der sie ansieht, so dass sie sich angesehen weiss, nicht dringlich; der sie höflich ansieht, wenn sie versprochen ist oder vergeben, denn nur selber widerstrebend, wenn je, hat er einem anderen Mann die Liebste wegfragen mögen, dessen Geheimnis sollte so unbetastbar bleiben wie er sein eigenes benötigte. Hij is niet een vremde stier in de wei geweest. Da hat sie einen maulfaulen Menschen, auch kaum versehen mit genügend Sprache, ook en duit in 't zakje te doen, aber noch wenn ihm eine Bedeutung entgeht, ein kleines, verträgliches Lächeln gelingt ihm allemal. Dank u vel. Ein Holzhandwerker in ärmlichen Umständen, noch, vielleicht zu sparsam, aber wie lange dauert das auch, bis er eine Jacke für sonntags im Schrank hat, immerhin ohne Anhang, denn auf den Couverts seiner Briefe ist immer die gleiche Schrift, eine männliche offenbar. Auch kann ich mich bedienen aus einer ländlichen Wirtschaft zwischen Wasserstrassen und Windmühle, ganz grün war der Raum von Pappeln und Regen auf dem gläsernen Dach des Vorbaus; geizig ist anders, denn er spendiert seiner Dame das Bier und zieht nach mit einem Genever. Einer, dem entweder die Frage oder das Bedürfnis abgeht, ein Erster bei ihr zu sein; *wenn de Katt sick stråken lett, is sei all bi anner Lüd west.* Er wird auch noch den Moment erwischen, vor dem Kuss oder Umarmung undenkbar waren, daarna worde het dag. Oft verlässt mich die Courage lange vorher, denn die Erfindung zeigt ihn wenig beweglich, schon jene Gesine war die Tochter des Meisters, diese die filia hospitalis; da tröstet mich kaum meine Unkenntnis von seinen Einfällen in Wismar, in Waren, da stört mich, dass über all diese Monate ein amtliches Schreiben in seiner Brieftasche Heinrich Cresspahl, Esq., aufrichtig dankt für ein Gesuch um ein englisches Visum, da hindert mich, dass sie am Ende das Mitkommen übers Wasser verweigert hat. Niet te ondieft. Dann wird sie unverhofft ein minderjähriges Kind, dem er Süssigkeiten mitbrachte, wenn die Ladeaufseher ihn einmal eine ganze Woche an die Arbeit gelassen haben; gerade dass ich ihren Namen noch behalte. Goede reis.

Meinen Vater gegen Ende 1926 zu den Engländern schaffen, es ist ein Stück Arbeit. Ihn sieben Jahre überleben machen in einem Land, das eine Million Arbeitlose zählt und manchmal drei, es ist oft über meine Kräfte gegangen. Aber über seine nicht; nun muss ich ran und ihm einen Notgroschen verschaffen, der einen Abzug von zwanzig Gulden für die Schiffskarte von Rotterdam vertragen kann (um einen Abschied werd ich mich drücken). Nun steht er da, nach vierzehn Stunden auf Wasser in der Zollstation Gravesend, in der Hand den Pass of the German Reich. Er weiss nun seine dreihundertachtzig Worte, apple, foot, make, good, einige auch für die Sprache seines Handwerks, to groove on the jointer, notwithstanding cuttings, weniger gut ist er versehen mit seiner nationality. Denn erst am 3. Dezember 1926 hatte im Manchester Guardian etwas Genaues gestanden über »Russische Munitionslieferungen an Deutschland« und »Geheime Absprachen zwischen Reichswehroffizieren und den Sowjets«, der Massen ungeniert also unterliefen die Deutschen den Vertrag von Versailles, als wär ihre Unterschrift die Tinte nicht wert, mit der sie auch Cresspahls Papiere beglaubigt hatten. Sie fallen dir in den Rücken, wende ihn nur. Demnach war ja nun der deutsch-sowjetische Freundschaftsvertrag von diesem April von Grund auf neu zu möblieren, mit 300,000 Artilleriegranaten aus der Sowjetunion und Schweigezulagen für Stauer in Stettin. Mit den Sozialdemokraten hätte Cresspahl sich nun noch einmal vertragen können, die liessen solche Zeichen der Freundschaft detonieren in ihrer Presse, *Sowjetgranaten gegen deutsche Arbeiter*, brachten sie in den Reichstag, gegen die Kommunisten, *Helfershelfer des deutschen Militarismus*, die Schulter an Schulter mit der Reichswehr und ungerührt abstritten, was Arbeiter in der Hand gehabt hatten. Aber Cresspahl verdachte es den Genossen, dass sie sich zufrieden gaben mit einem Wechsel der Regierung und der Reichswehr ihre Kriegsschauplätze beliessen, den Flugplatz Lipezk nördlich von Woronesch, die Gaskampfschule bei Saratow an der unteren, die Panzerschule bei Kasan an der mittleren Wolga, so dass von den drei für die Deutschen ausdrücklich verbotenen Waffenarten jede bedient war bei den erklärten Bundesgenossen der arbeitenden Bevölkerung in aller Welt. Als Vertreter für solche Vertragstreue stand Cresspahl vor den britischen Beamten mit seinem Ausweis, dem ärztlichen Zeugnis, nachweisbarem Bargeld und einem Begehren auf Einwanderung, in dem er deren Majestät Regierung versprach, die Gesetze zu achten. Vielleicht machten sie mit seiner Unterschrift eine Ausnahme, weil er zu leben kam dahin, wo für sie selber schon zu wenig zu holen war. Hingegen hatte Cresspahl mit dem Antrag auf Einbürgerung statt bloss auf Einreise sich die Prüfung erleichtern wollen, auch war das Innenministerium mit anderen als redlichen Vorstellungen bewogen worden, einer Werft in Tilbury die Beschäftigung dieses Ausländers zu genehmigen. So bekam Cresspahl noch die Tasche mit seinen Werkzeugen ohne Anstand durch und war im Freien in der Minute, für die er Verhör und Entdeckung erst erwartet hatte, so übersah er das Schild, das ihn zur Fähre nach Tilbury verweisen wollte. Gehorsames Mitgehen lud ihn ab im Bahnhof Victoria, von dem aus fand er Fenchurch Street Station, als längst keine Züge mehr abgelassen wurden nach Essex. Eine erste Nacht in London, unbehaust, ich würd sie ja doch ausstatten mit Stücken aus meiner ersten Nacht in London, auch die Bedingung wär gleich, dass es zugehen sollte ohne Ausgaben. Mit der Werkstatt für Bootsreparatur schien es seine Richtigkeit zu haben, die stand da einundzwanzig Meilen weiter östlich am nördlichen Ufer der Themse, wahrhaftig durfte er ein kaum bedecktes Gerüst aus Spanten ausbauen zu einem Kabinenkreuzer. Er war gerade zu den angenehmeren Arbeiten gekommen, Nussbaum, Stabeinlagen, da ging ihm auf, es könne sein Englisch hinter dem Amsterdamer Hauptbahnhof lediglich in die Breite gegangen sein statt in die Tiefe und dass ihm der job gestiftet war im Vertrauen auf seine Verschwiegenheit statt auf seine Handfertigkeit. Des öfteren sollte er langweilige Kisten zusammennageln, aus minderwertigem Holz, wenn's bloss weiss war, ohne eingebrannte Anschriften oder Chiffren für Konnossements. Zumindest Zeit gewinnt, wer zur Einfuhr bestimmte Güter gleich beim eigenen Anwesen anlanden lässt, statt sie umständlich vorzuführen beim Zollamt Gravesend. Diese Behörde den halben Tag vor Augen, so breit ist dort die Themse nicht, eingedenk seines Namenszuges unter wohldurchdachten Strafandrohungen, Cresspahl wagte Undankbarkeit und machte sich im Februar davon mit einem letzten Zug um Mitternacht; es mag Rechtlichkeit gewesen sein. Oder das Wort immigration hatte an Gesundheit zugenommen, mass er es am Verfahren der Ausweisung. Immerhin fand er so bald keine Anstellung, die er der Polizei hätte nennen dürfen, und musste doch alle zwei Monate sich präsentieren auf der Polizeiwache von Tilbury; unnütze, lohnende Reisen, da jene weitgereisten Kumpane unterliessen, ihn von diesem Wohnort und Arbeitsplatz abzumelden. No hard feelings, chum.

Im Lande wurde von Krieg geredet, ihm könnte der ortsübliche Ausdruck für Internierung über den Weg gelaufen sein, er blieb. Die Konservativen, einmal an der Regierung, hatten sich durchgerungen zu dem Glauben, es habe tatsächlich Grigorij Evseievič Zinoviev namens der III. Kommunistischen Internationale deren britischem Mündel den bewaffneten Aufstand angeraten; auch hatten sie zur Kenntnis genommen, mit was für Personen und Geldern die Sowjetunion den siebenmonatigen Bergarbeiterstreik gefüttert hatte, bis der sich auswuchs zu einem Generalstreik, *der Aufbau des Sozialismus in* einem *Lande*; am 27. Mai 1927 fiel londoner Polizei her über die Arcos Ltd., eine sowjetische Handelsgesellschaft, fast tausend Beschäftigte, und entdeckte wunschgemäss dort einen bolschewistischen Apparat für Hetze und Spionage, drei Lastwagen voll dingfester Papiere, so dass Grossbritannien die diplomatischen Beziehungen zu den Auftraggebern der Arcos A.G. abzubrechen in den Stand gesetzt war. Die City hatte ihre Nerven verloren angesichts einer so unbeirrbaren Planwirtschaft zur Verkleinerung des Empire; die Sowjets, in ihrem Vertrauen auf die ökonomischen Bedürfnisse der Kapitalisten, waren platt ob solcher Unduldsamkeit gegen die ureigene Natur kommunistischer Aussenpolitik und bestanden gleich darauf, sie hätten da abgebrochen, und England könne am steifen Arm verhungern. Dabei hatten sie Streit, die Herren Trotzki und Stalin. Der eine sprach wie ein Tiger und wollte der unfähigen Führung die Macht abnehmen, um in der Landesverteidigung (im Krieg) siegreich zu bleiben; der andere, die Führung, war dagegen, dass er unfähig sei. Im Schaufenster einer religiösen Sekte, die das Leben auf Erden ohnehin als einen Notbehelf predigte, sah Cresspahl im Herbst eine zeichnerische Vision nach den Auskünften militärischer Sachverständiger, in wenigen Stunden nach der Kriegserklärung könne sämtliches Leben in London von nur zwanzig Flugzeugen durch Giftgas vernichtet werden, ohne nennenswerten Schaden an Gebäuden und Maschinerie, nahezu reinlich, denn auf dem Fahrdamm zwischen grossstädtischen Bürgerhäusern lag schief hingestreckt eine einzige Frau, offensichtlich die Letzte, die vom Milchholen zurückgekommen war. In den U.S.A. waren die Leute ganz aus dem Häuschen, weil einer der ihren einen unpraktischen Direktflug nach Paris unternommen hatte in einem Gerät »The Spirit of St. Louis«, *Die Nackte Wahrheit*; in Italien nahmen die Faschisten die Arbeiter an die Leine mit einer carta del lavoro; im Deutschen Reich galt seit Juli das Gesetz über die Vermittlung von Arbeit und Unterstützung für jede Person, die »arbeitsfähig, arbeitswillig, aber unfreiwillig arbeitslos ist«. Nicht einmal eine Bedürftigkeit hätte Cresspahl noch beweisen müssen zu Hause. Er blieb.

So viele Einladungen, und nur die englische liess er gelten? Sechs reichliche Jahre behinderten Lebens bei den Engländern, es ist der Tochter zu viel, ihr gehen da Gründe ab, selbst Anlässe. Es war ja nicht an dem, dass er dort bald einvernommen wurde von einer Gruppe Leute, deren Freundschaft er zu verdienen wünschte, oder von dem

Umgang einer Marktstadt, einer Landschaft, die er hätte ansehen dürfen als für ihn bestimmt; er war unterwegs. In der Sozialistischen Räte-Union war ihm das Recht zur Niederlassung vertraglich sicher; hier war ihm mehr als den Einheimischen verboten, ohne Arbeit zu sein. Die Gewerkschaften wussten kaum wie für ihre eigenen Erwerbslosen sorgen, ohnehin hatten ihnen die Konservativen mit dem Gesetz von 1927 den Streik quittiert mit einer Einschränkung des Rechtes auf Streik und dem Verbot politischer Betätigung. Vielleicht hat Cresspahl gemeint, auf sich allein gestellt werde er überstehen. (Womöglich ist es meine Furcht, die Versorgung und Auskommen erst einmal sicher wissen will, ihm aber war die fremd.) Also wartete er in Ort nach Ort, bald im nördlichen Essex, vor dem Brett, auf dem ein Tabakhändler seine Kunden gegen eine Gebühr ihre Wunschzettel anschlagen liess, und dachte wie sie die Zeitung zu sparen. Gebraucht wurde, was er suchte, bares Geld. Fahrräder, Milchkannen, Bügeleisen, Wanduhren, unentbehrliche Sachen in vorzüglichem Zustand standen da zum Verkauf, auch Arbeit zu beliebiger Gelegenheit, da sollte kein Dach zu hoch sein, kein Brunnen zu tief. Was blieb ihm da, als die Stadt abzusuchen nach liegengelassenen Baustellen oder nach schadhafter Holzarbeit an sonst noch behäbigen Häusern, auch zu fragen in Werkstätten, an fremder Tür zu klingeln. Das Anbieten von Arbeit, es will abgehoben sein von Betteln, da muss einer die Worte anmutig setzen lernen und doch ohne Demut. Selbstachtung versuchte er zu erhalten, indem er einen Lohn im voraus abmachte gerade oberhalb der Grenze, die das Almosen andeutet; oft war es dann doch eine Mahlzeit und ein Apfel auf den Weg. Welche nennen ihn nun endgültig einen wandernden Proletarier, obwohl er doch seine Instrumente zur Produktion mitführte; mit dem Werkzeug an der Hand kam er sich vor wie ein Scherenschleifer, mit dem Nachteil, dass der werben darf mit Krach wie Klingel und sich verlassen darauf, dass noch in hungrigen Zeiten Brot geschnitten wird und das Kleid genäht, mag man mit dem Namen seines Berufs auch den Hund ohne Stammbaum beschimpfen, den Unfähigen, den Versager. Ich kann ihn sehen, wie er die Klingen eines Rasenmähers entrostet und schleift, wie er gräbt in einem herrschaftlichen Garten à la Sissinghurst, wie er umhergeht zwischen den schreienden Maschinen eines Sägewerks, eine Art Vorarbeiter, doch wieder aufgestiegen in die Arbeiteraristokratie; mit Mrs Trowbridge kommt er mir in kein Bild.

Mrs Elizabeth Trowbridge, Kriegswitwe, eine Dame. Die Pension der Regierung war eine Beleidigung, sie musste die Hälfte ihres Hauses in Richmond als Zimmer mit Frühstück vermieten, sie blieb eine Dame. Für einen Anfang wüsste ich Gelegenheiten, das Zusammentreffen an der Haustür, Blicke auf der Treppe, Lob des Essens, aber so gern ich will, es habe mein Vater den Frauen gefallen, diese beiden bringe ich schwer zusammen, die Lady und den Handwerker, die Britin und den Deutschen, die einstige Gattin eines Offiziers und den Unteroffizier, die Frau mit Bildung und den Mann ohne allzu viele. Was ich weiss, ist der Schachty-Prozess vom Mai bis Juli 1928 in der Sowjetunion, 43 Bergwerksingenieure und Techniker unter der Anklage von Sabotage und Spionage, elf Hingerichtete. Vorstellen soll ich mir vier Jahre Zusammenlebens mit Mrs Trowbridge, ein ruhiges Bündnis ohne Aussicht auf Heirat; was kann ich ihnen wünschen als es möge ihnen gegangen sein nach der Art des Schlagers, der mir nie weggeht aus jener Zeit: *this is one that's made of two – which of us is you?* »Den englischen Typus charakterisiert nach Ledebur wesentlich die Schmalköpfigkeit, da die Schädelbildung und der übrige Knochenbau sich wechselseitig bedingen. Das englische Gesicht ist schmaler, länger und konvexer als das deutsche; seine Vorzüge sind demnach eine schöne Nase, grosse wohlgerundete Augenhöhlen, gute, häufig freilich zu starke Entwickelung des Unterkiefers, vorzügliche, freilich auch sehr sorgsam gepflegte Zähne und gering vorstehende Backenknochen. Dagegen ist das englische Gesicht, wenn auch regelmässiger geformt, als das deutsche oder französische, dennoch ausdrucksloser und erscheint weniger malerisch, was von der geringen Entwickelung des Stirnbeins und der zu einfachen Schwingung der Augenbrauen herrührt.« Nun will ich doch glauben, dass sie es war, die die Anzeige fand in der Richmond and Twickenham Times, erfahrener Tischlermeister gesucht zur treuhänderischen Führung eines Betriebes für Herstellung und Restauration exquisiter Möbel, sie wird für ihn gebürgt haben bei den Rechtsanwälten, sie hat ihm von ihrem Ersparten gegeben, damit er die Werkstatt in Schick bringen konnte. Nun ist er fast sicher in England, ein wenig abgestützt durch den Zufall, dass Adel und Bürgertum noch Geld aufwenden mochten für Ausbesserung oder Nachbau der Familienmöbel, ganz sicher mit einer Frau, neben der er aufwacht mit Freude auf den Tag. Die Heimat, die deutsche, sie lockte kaum, da waren nun zwar die Sozialdemokraten die stärkste Partei im Reichstag, und richtig beschossen sie den Plan für den Panzerkreuzer mit der Parole *Panzerkreuzer oder Schulspeisung?*, aber dann stimmen ihre Minister doch für diese 80 Millionen auf dem Wasser, was doch so ein Fraktionszwang ausmacht. Zu hören war auch *Stresemann – verwese man* für einen Aussenminister (Nobelpreis), der den Deutschen friedfertigen Umgang mit den Franzosen verschafft und sie in den Völkerbund gebracht hatte, bis er ihnen im Oktober 1929 den Gefallen tat und starb. Vornehmlich verdachten sie ihm den Young-Plan, obwohl der dem Reich Selbständigkeit bei der Begleichung der Kriegsschulden eintragen sollte, und als Zuschlag die Besatzungstruppen der Franzosen, Briten, Belgier vorzeitig aus dem Ruhrgebiet bringen. Dagegen hielten die Kommunisten Versammlungen ab, auch ein Mann namens Adolf Hitler aus Österreich. Die Herren der rheinisch-westfälischen Schwerindustrie um Fritz Thyssen (»I paid Hitler«), die dem Geschrei dieses böhmischen Gefreiten von Fronterlebnis und Lebensraum und Nordischer Rasse mit ihren a conto-Zahlungen nachhalfen, sie meinten wohl rechnen zu können, bloss mit dem Lesen seiner Absichten haperte es bei ihnen, wie bei Alfred Hugenberg, der solchen National-Sozialismus in Berlin wie der Provinz unter die Leute streute mit seinem Berliner Lokalanzeiger, der Berliner Illustrierten Nachtausgabe, dem Nachrichtendienst Telegraphen-Union und seiner Universum-Film (Ufa). Der schwarze Freitag (25. Okt.) an der new yorker Börse im Oktober 1929 brachte in Deutschland mehr als drei Millionen um ihre Arbeit, da hätte Cresspahl gerade noch gefehlt. Was seine Partei anging, so hatte Stalin für sie nunmehr die Beschreibung Sozialfaschisten amtlich freigegeben. Stalin wird fünfzig am 21. Dezember und begeht es festlich. *Stalin ist der Lenin von heute.* Sechs Tage später befiehlt er die »Vernichtung der Kulaken als Klasse«, fünf Millionen Deportierte, fünf Millionen Hungertote, dazu das krepierte Vieh. Gewiss war es von London auch nur noch undeutlich zu sehen. Was hätte er denn zu suchen gehabt unter Leuten, die den Krieg weiterhin als gewonnen erinnerten, so dass der Film »Im Westen nichts Neues« verboten werden musste. Auch wird er auf einen Premierminister MacDonald bessere Stücke gehalten haben als auf einen Reichspräsidenten Hindenburg, der sein Gut Neudeck überträgt auf seinen in der Verfassung nicht vorgesehenen Sohn, um Steuern zu hinterziehen. Oskar hiess der. Osthilfe. Wozu sollte Cresspahl sich schreiben mit einer Sozialdemokratie von 1930, die ihr Land aufgibt: *Republik ist nicht viel, Sozialismus ist das Ziel.* Dann bekommen die

Nationalsozialisten in den Reichstagswahlen fast 18 Prozent der Stimmen statt der nicht ganz drei vor zwei Jahren; da darf deren Führer vor dem Reichsgericht unter Eid und Meineid die künftigen Morde ankündigen; *dann allerdings werden auch Köpfe in den Sand rollen*: Adolphe Légalité. Cresspahl konnte ja genügen, im Daily Herald (Labour) lediglich zu lesen, dass im Oktober 107 Nazis in kotbraunen Hemden Einzug hielten im Reichstag, während zur gleichen Zeit Leute ihrer Partei auf dem Kurfürstendamm jüdische Passanten anpöbeln und die Schaufensterscheiben jüdischer Geschäfte einschlagen; *die Juden sind unser Unglück*. Wenn aber dann jüdisches Auslandskapital abgerufen wird aus deutschen Banken, gilt es als Niedertracht und Tücke. Da war einer, Walter Ulbricht, der den Weg wusste, dem arbeitenden Volk solche Sachen wie Brot, Arbeit und Freiheit zu erobern: *nur auf dem Wege des Kampfes um ein Sowjet-Deutschland*! In der englischen Übersetzung von 1931 hiess das Heilung der Landwirtschaft durch Vertreibung der Bauern. Was hätte Cresspahl zu reden gehabt mit Leuten Scheidemanns, Hitlers, Ulbrichts; ganz leicht sehe ich ihn im Gespräch an der Theke einer Kneipe in Richmond, mit den kleinen Nettigkeiten über das Wetter und allenfalls über den Alleinflug des schwierigen Mädchens Amie Johnson von Croydon in Surrey nach Darwin, Australia und in einem fort mit den diesem Lokal zugehörigen Redensarten. »It's all in the mind.« Mehr Mühe habe ich mit einem Blick auf sein gemeinsames Eintreten mit Mrs Trowbridge und kann sie doch denken, wartend auf dem Sofa unter dem Spiegel, bis er ihr von der Theke ihr und sein Gewünschtes bringt, beider schweigsame Unterhaltung, in die ein befreundeter Abgänger oder Ankömmling eintritt mit einer Erkundigung nach dem Ergehen oder einem Wunsch dafür; wobei er wohl Henry geworden und sie die Lady geblieben wäre, die redet man nicht mit dem Vornamen an, geschweige denn als Liz. So mit ihm leben unter dem Besen getraut, es wird sie doch mehr gegen den Strich gebürstet haben als sie zu erkennen geben mochte; ich will es mir nun doch lieber denken als ein Unternehmen auf Probe und Abwarten, auch von Cresspahls Seite, ob sie denn einander fürs ganze Leben nötig haben. Im Sommer 1931 fuhr er nach Deutschland. Das Home Office schrieb ihm schon des längeren in Sachen seiner Einbürgerung; er dachte gewiss zurückzukommen. Dazu musste er seine Sachen in Mecklenburg aufräumen.

Es war die Sache seiner Schwester, die verheiratete er im August 1931 an einen Vorarbeiter beim Wasserstrassenamt, Martin Niebuhr, dem ab 1. September der Betrieb der Havelschleuse Wendisch Burg übertragen war. Er richtete seiner Mutter eine Rente ein, er kaufte das Grab seines Vaters auf noch einmal zwanzig Jahre. Zurück von einem Besuch bei der holsteinischen Verwandtschaft, die dabei entbehrlicher geworden war, sass er in einem schattigen Garten an der Travemündung, mit dem Rücken zur Ostsee und las in einer englischen Zeitung, die fünf Tage alt war. So lange war er in diesem Lande, am Abend ging aus Hamburg sein Boot nach Harwich. In den rostocker und schweriner Zeitungen hatte er am besten die Seiten für die Wirtschaft verstanden, den einjährigen Aufschub der Kriegsschuldenzahlungen durch das Hoover-Memorandum nämlich, weil die U.S.A. mit fast 40% an direkten ausländischen Investitionen in Deutschland beteiligt waren, und an der Schliessung der Geldgeschäfte nach dem Zusammenbruch der Danatbank konnte ihm gefallen, dass er kein Konto in Deutschland unterhielt. Undeutlich blieb ihm der Nebel und Krach, der übriggeblieben war von dem Volksentscheid gegen die sozialdemokratische Regierung Preussens, den die Nazis und Stahlhelmer angestrengt hatten mit trautem Nachstossen der Kommunisten, nur dass die das Kind bei einem anderen Namen nennen wollten. *Berliner! Heraus zum Roten Volksentscheid!* K.P.D. und N.S.D.A.P. in einer Front gegen Sozialdemokraten; nun bedauerte er doch, den Daily Herald in den ersten beiden Augustwochen versäumt zu haben. Aber da war er zu Fuss unterwegs gewesen in den Bergen von Schottland, auf Wanderung mit Mrs Trowbridge, die sich gefürchtet haben mag vor seiner Woche im heimatlichen Ausland. Übrigens blickte er an seinen veralteten Nachrichten vorbei auf einen Tisch in der Mitte des Gartens, an dem eine Familie aus Mecklenburg sass. Da war das Mädchen, auf das er gewartet hatte seit Gesine Redebrecht. Er hatte noch nicht einmal ihre Stimme gehört, sie war die Frau für sein Leben. Was sah er denn! Meine Mutter war fünfundzwanzig Jahre alt, die jüngere von den Töchtern Papenbrocks. Auf Familienbildern steht sie hinten, die Hände verschränkt, den Kopf leicht schräg geneigt, nicht lächelnd. Man sah ihr an, dass sie noch nie anders denn aus freien Stücken gearbeitet hatte. Sie war so mittel gross wie ich, trug unser Haar in einem Nackenknoten, dunkles lokker gebauschtes Haar um ihr kleines, gehorsames Gesicht. Cresspahl hatte noch fünfundzwanzig Pfund in der Tasche, circa fünfhundert Mark in deutscher Währung, das reichte für das Mietauto, in dem fuhr er diesem Mädchen nach, zurück nach Mecklenburg, entlang der Küste zu einer kleinen Stadt namens Jerichow. *Menich Man lude synhget, wen Me em de Brut bringet. Weste he, wat man em brochte, dat he wol wenen mochte.*

Mit dem Mädchen glaubte er – ach was! wusste er sich einig nach dem einen Blickwechsel auf der Priwallfähre, und wie es heisst von Liebe, hatte er unvergleichlich Genaues verstanden in dem Moment, da er ihr Gesicht auswendig lernte und einatmete so tief das Herz es will. Nämlich, sie hatte ihm Ratschläge gegeben, Massregeln zum Verhalten erteilt, Warnungen dankte er ihr; klug dünkte er sich wie kaum je zuvor. Sie wünschte, er möge es langsam angehen lassen; er liess ihr Zeit. Was glaubte er sich begabt, wenn er ein Vorderzimmer im Lübecker Hof gewählt hatte, mit Blick auf die Ecke von Papenbrocks Haus. Wie geschickt kam er sich vor, wenn er Tag für Tag gegen halb zwölf über den Marktplatz ging, so dass ein Mädchen ihn sehen kann aus einem von vierzehn Fenstern und plötzlich noch rasch vor dem Mittagessen draussen zu tun hat. Was war er für ein Stratege beim Finden jenes Platzes in der Kirche, von dem aus er ein wenig Profil von ihr sehen kann. Für wie gerissen hielt er sich, wenn er ein Hemd kaufte in Jerichow und zog das solide dem modischen vor, wenn er eine offene Postkarte zum Einstecken abgab in solch kleiner Stadt und demnächst ein echt englisches Telegramm für ihn kam in Geschäften. Would you care to be my wife, die Antwort darauf war ihm unzweifelhaft; was immer Papenbrock störte an Cresspahl, wie konnte er denn seinem Lieblingskind etwas abschlagen, und auf Kontoauszüge verstand er sich, selbst wenn sie gefertigt sein sollten von der Surrey Bank in Richmond. Ich will es anders. Lisbeth soll sich bequemen zu der lübecker Partie, zu der ihr vom Vater geraten war; Cresspahl soll gleich von Travemünde zurück mit Bahn und Schiff nach England, meinetwegen mit einem kleinen Gewicht in der Erinnerung, und leben mit Mrs Trowbridge, zu ihrer beider Ruhe und Zuversicht, einer dem anderen Beistand, mit verschwendeter Trauer über die verschatteten Inseln in ihnen, wo Col. Trowbridge wohnte, auch ein mecklenburgisches Mädchen, wo sie einander schlecht erreichen konnten, dennoch an einander glücklich, wie ich leben wollte mit D.E., der mich doch wollte gerade wegen Jakobs Kind, der mir sein Geheimnis vorenthalten durfte, solange ich mich wehrte gegen das Leben gemeinsam. *Wenn ich mich freue an dir, / wie kannst du fern sein von mir.* Mit dieser Elizabeth

Trowbridge hätte er jene vielen Kinder haben können, die jene Lisbeth ihm versprach und verweigerte, Kinder anders als ich, mir bin ich entbehrlich. Mit ihr wäre ihm die Internierung bei Kriegsanfang erspart geblieben, von einer Deportation nach Canada zu schweigen, die hätte ihn im Stich gelassen um keinen Preis, das Abwarten des Alters wäre ihm leicht gewesen. Aber nein, er muss ihr seinen mecklenburgischen Fund eröffnen eine Viertelstunde lang am Telefon; taub ist er und blind, wenn sie bittet um nichts als ein letztes Abendessen im White Horse von Dorking. Erleichtert geht es ihm, wenn sie ihr Haus verkaufen will und wegziehen zu Verwandtschaft nach Bristol, so dass ihm die Stadt Richmond übrig bleibt, Short's Greyhound und noch ein paar Lokale ausgenommen; wo aber ich weggehe ohne Not und Gelegenheit, da habe ich mein Glück verloren. Sie war schwanger von ihm, sie tat dem Kind nichts. Ja, er hat sie behandelt mit einem Anstand nach der Vorschrift, es war kein Zusammenbleiben fest ausgemacht, sie erstattete ihm sein Recht; sie hat sogar noch verzichtet auf die Anwendung der Wahrheit: dass sie ihre Liebe ansah für die verlässlichere. Ver-kennen, nun lerne ich das Wort. Auch Richmond wird er verlieren, ein Jerichow wird ihm aufgenötigt werden, da soll ihm noch Hören und Sehen vergehen, da wird er sterben verlassen. Gewiss, er hat Freunde erworben in der fremden Stadt an der Ostsee, Arthur Semig, Dr. med. vet., Peter Wulff, Gastwirt vom Kruge; der hat ihn noch gewarnt vor Lisbeths Zahmheit in der Mecklenburgischen Landeskirche. *Råd mi gaud, oewe råd mi nich af.* Aber nein. Wegen einer Liebe auf den ersten Blick, an der ich gezweifelt habe je öfter sie mir versichert worden ist, muss Cresspahl sich einlassen auf die jüngere Tochter eines Papenbrock. Als Schwiegervater will er einen Hauptmann a.D. hinnehmen, einen Gutspächter, einen Schieber mit Gewinnen aus der Inflation, einen Getreidehändler und König der Wirtschaft im Winkel von

Jerichow; er will sich einrichten mit einem Schwager, der ist nach Südamerika verschwunden, einem anderen, der ein grosses Tier ist in der Ortsgruppe der S.A.: ein grosses Tier. Von Lisbeths Schwester wusste er damals bloss, dass ihr Mann Rechtsanwalt war in Krakow am See und aus der Standeskammer gesetzt wegen leichtsinnigen Umgangs mit Mandantengeldern. Wie sah Cresspahl denn aus bei denen mit der eigenen Familie, der bescheidenen Schwester, die einen Schleusenwärter zum Mann hatte, dessen Bruder Peter, der vorläufig von den Forstwissenschaften nur das Bemühen um sie vorzeigen konnte (und mit einer Martha Klünder aus Waren schon so lange umherzog, dass er sie eines Tages noch in eine Ehe holen mochte). Wie sah er da selber aus, geboren in einem Gutskaten, ein Holzhandwerker, ein Sozialdemokrat ehemals, ein Unteroffizier wider Willen, von den Kapp-Putschisten in einen Kartoffelkeller gesperrt, Leuten vom Schlage eines Papenbrock entgegen im Kriege wie im Frieden. Aber er sah nur das Mädchen: diese Augen, diese Stimme, diese Lippen mussten es sein, nur was sie sprach und wie sie es tat war richtig und unentbehrlich, bis da kommt der Tod und scheidet euch doch. Also lasst euch trauen und verheiraten am Reformationstag 1931 und geht nach Richmond an der Themse, ein Jahr habt ihr noch. Der Dezember 1932 ist ungewöhnlich warm gewesen im südlichen England.

»Schreib mal, dann schreiben wir uns.« So Cresspahl an Peter Wulff, die hatten einander was zu sagen. Für Lisbeth kamen Briefe aus Jerichow und Krakow am See. So konnten die beiden in ihrem Richmond von Deutschland fast alles wissen, was wir später in der Schule »auf« hatten, angefangen mit dem Gedeihen der Harzburger Front, gebildet Mitte Oktober 1931 in einem Badeort von Nazis und Industrie, D.N.V.P. und höchstem Militär samt einem Kaisersohne Eitel Friedrich, nennen Sie mir die Programmpunkte dieser imperialistisch-militaristischen Reaktion! Tja – Zerschlagung der Arbeiterbewegung, Sicherung der Monopolprofite, Beseitigung aller demokratischen Volksrechte, Errichtung der faschistischen Diktatur, Aufrüstung und Krieg? sehr gut, Jugendfreund Manfras! eine Eins! Zumindest als gesellschaftliche Nachricht wurde es doch gemeldet, die Verständigung Hitlers mit Thyssen, Flick und all den anderen Markenartikeln, am 27. Januar 1932 im düsseldorfer Industrie-Club; schamlos habe ich mich einladen lassen dahin fünfundzwanzig Jahre später. Und Lisbeth Cresspahl gewöhnte sich so schwer, aus einer mecklenburgischen eine englische Hausfrau zu werden, über die Kirche stritt sie mit ihrem Mann und war unglücklich, wenn der den Streit verweigerte, strikt nach der Verabredung zwischen ihnen. Die in Deutschland waren zugange mit ihrer Präsidentenwahl im April 1932, *wer Hindenburg wählt / wählt Hitler / wer Hitler wählt / wählt Krieg;* penibel wurde uns aufgedröselt, aus welch listigen Gründen Ernst Thälmann auch sich aufstellen liess für jenes Amt und sein Ansehen bescheinigt bekam von den Mündigen in Deutschland, mit 13,2 von Hundert im ersten, mit 10,2 Prozent im zweiten Wahlgang. Hitler, erst seit dem 25. Februar 1932 braunschweigischer und deutscher Nationalität, flog hin und her über Deutschland zu seinen Kundgebungen, *Selbstbestimmungsrecht sogar für Neger, aber nicht für uns Deutsche,* von denen gab ihm mehr als ein Drittel einen Auftrag. An der Tête blieb der alte Kriegsverlierer. Horst Papenbrock sollte ja ganz ausser sich sein über einen Reichskanzler Brüning, der nun gleich die S.A. (und die S.S.) unter Verbot stellte; nun musste er allabendlich mit Griem im allerweissesten Hemd die jerichower Stadtstrasse zieren. Hindenburg hatte Butter auf dem Kopf, er entliess die Regierung Brüning; der ostelbische Adel, verschuldet und von Aufsiedelung bedroht, war ihm zu Leibe gerückt mit dem Agrarbolschewismus dieses Mannes von der katholischen Zentrumspartei. Papen mit seinem baronisierten Kabinett fing gleich an mit der Kürzung der Arbeitslosenunterstützung von sechsundzwanzig Wochen auf sechs, strich die Sätze um 23 Prozent, da ging es scharf her über die Renten der Kriegsinvaliden, der Witwen und Waisen. Am 5. Juni sind Wahlen in Mecklenburg-Schwerin, 48,9 Prozent der Stimmberechtigten kreuzen die N.S.D.A.P. an, besorgen ihnen 30 von 59 Sitzen; was hat Peter Wulff sich gegiftet über die 1,1 vom Hundert, die Horst Papenbrocks Partei noch an der vollen Hälfte fehlte. Horst Papenbrock durfte schon vom 14. Juni an wieder promenieren in seiner kackbraunen Uniform. Um diese Zeit machte die Reparationskonferenz von Lausanne ein Ende mit den deutschen Zahlungen zur Wiedergutmachung, wenn man nach den Tatsachen geht; das ist damals Keinem aufgefallen, wie es scheint. Cresspahl ging im strahlenden Juni mit seiner Frau auf die königliche Pferdeschau in Ascot, Berkshire; ihr war aber weniger fröhlich zumute als es aussehen sollte auf der Fotografie, sie hatte Angst vor der Armut in England, sie blieb so unsicher im Ausländischen. *Buy British! Only British material used!* Wie jeden Sommer seit 1927 zog Peter Niebuhr mit seiner Martha Klünder über die mecklenburgischen Seen, heimlich meinte er wohl! alle wussten es und hätten noch die Hand darüber gehalten. Jede von diesen Nächten schliefen die bei einander in einem einzigen Zelt, mit einem Schein bloss fürs Zelt! Hatte Peters Zellenleitung ihm Urlaub gegeben von den Strassenschlachten der Kommunisten mit den Nationalsozialisten? *Blut muss fliessen, Blut muss fliessen! Blut muss fliessen knüppelhageldick! Haut se doch zusammen, haut se doch zusammen, diese gottverdammte Judenrepublik!* Ja, vielleicht war es ein Urlaub, der Peter Ende Juni unabdingbar wegbrachte von seiner Martha, zu einem Seminar oder Praktikum wer weiss wo, und Martha ging nach Wien und wartete ganz allein in dem fremden Land. Auf den Strassen Pöbeleien, Schlägereien, Schiessereien, Mord und Totschlag. *Licht aus! Messer raus! Haut ihn, dass die Fetzen fliegen! Licht aus! Strasse frei! Runter vom Balkon!* Im Preussischen Landtag sind die Nazis nun die stärkste Partei, doppelt so viele wie die S.P.D., und mit den Kommunisten im Verein verhindern sie die Wahl eines neuen Ministerpräsidenten. Das ist uns aber nicht gesagt worden in der Schule, eben so wenig wie die Schlägerei gleich bei der Eröffnung zwischen N.S.D.A.P. und K.P.D., 162 gegen 57, wonach sie alle dem Ältestenrat eröffnen, weder der einen noch der anderen Partei sei gelegen an einer Klärung der Schuldfrage. Vom 13. Juli an hat Mecklenburg-Schwerin eine nationalsozialistische Landesregierung; Lisbeth verzweifelt fast endgültig an ihrem Bemühen, den Mann doch noch zurückzukriegen in die Heimat. Dabei machte Cresspahl sich doch lustig über die British Union of Fascists, wenn die über die Strassen zogen in schwarzen Hemden, Reithosen, Schaftstiefeln, die brüllten auch gegen die Juden, den Labour-Sozialismus, das Parlament. Der 17. Juli 1932 war ein Sonntag, der hiess nach dem Blut der Toten von Altona, weil kommunistische Meisterschützen von den Dächern und Balkons der Schauenburger Strasse einen genehmigten Umzug der Nazis beschossen, aber auch zivil besetzte Strassenbahnen nahmen sie unter Feuer; 17 Tote, 64 Verwundete im Auftrag der Sektion Westeuropa der Kommunistischen Internationale, Abk. Komintern. Der Tag hat gefehlt im Unterricht, war vom Schulbesuch befreit. Am 20. Juli setzt Papen die preussische Regierung ab und sich ein als Reichskommissar; was haben wir lachen sollen über den Innenminister Severing, der nur der Gewalt weichen wollte; dann hätte ein Offizier mit zwei Mann genügt! Ja, dieser wahrte seine Art von Form, er trat aus den dienstlichen Räumen in seine Wohnung, aber es hatte doch die Reichswehr sämtliche Ministerien besetzt. Worin bestand die verbrecherische Schuld der Sozialdemokraten in dieser Lage? im Verzicht auf den Generalstreik, Herr Rektor. Na ja, Cresspahl. (Die Schülerin hatte wenig Aussichten gefunden für einen allgemeinen Ausstand, wenn drei Viertel der Organisierten ohne eine Arbeit sind, die sie niederlegen könnten.) Inzwischen fliegt Hitler zum dritten Mal über Deutschland her und hin, 63 Städte versucht er dumm zu reden in einem halben Monat, bei Stralsund soll er mal fast abgestürzt sein, die Rolle der Persönlichkeit in der Geschichte, das war mal ein Kurzreferat in der Ge-wi-Stunde. Gesellschafts-Wissenschaft. Unter diesen 63 Orten ist kein mecklenburgischer; Mecklenburg hatten sie schon. Wer immer in Jerichow Hakenkreuze umzeichnete zu einer Fratze Hitlers oder zu einem Männchen, das vor den drei Pfeilen der Eisernen Front davonläuft, der hatte aufgegeben, und Hitler bekam in den Wahlen vom 31. Juli von seinem Pack 230 in den Reichstag. Die S.P.D. mit 133 hatte zehn verloren, die K.P.D. mit 89 zwölf gewonnen. Einen Monat später weiht die Abgeordnete Clara Zetkin, K.P.D., mit frischen Visionen aus Moskau gekommen, die Hohe Versammlung in der Hoffnung, das Glück zu erleben, als Alterspräsidentin den ersten Rätekongress Sowjet-Deutschlands zu eröffnen. Ja, aber erst einmal muss Hitler an die Macht. Wenn die Rechte abgewirtschaftet hat, wird kassiert. *Schlagt die Faschisten, wo ihr sie trefft!* Gemeint sind allerdings die Sozis, die Sozialfaschisten. *Es ist nicht wahr, dass der Faschismus ... den Hauptfeind darstellt!* Aus dem Maul des grössten Pferdes. Wie es verlautet aus dem Allerheiligsten selber. Es sollte später gelten als eine Kleinigkeit. Überdies hat die Neue Schule uns verschwiegen, wie die Nazis und die Kommunisten, Torgler und Göring, mit einander kungelten, die Regierung zu Fall zu bringen; es war doch unter den Auflösungen des Reichstags keine alltägliche. Bei den Wahlen vom 6. November gewannen die Kommunisten mehr als eine halbe Million Stimmen und 100 Sitze, die Nazis büssten zwei Millionen Wähler ein und 34 Mandate; das war nun wieder erlaubt und gründlicher Theorie wert. Dass Nazis und Kommunisten zusammengingen im berliner Verkehrsstreik in den Tagen vorher, wir hätten es ja doch erfahren; wie konnte uns das vorenthalten bleiben. Es mochten doch bei Wollenbergs auf dem Boden illustrierte Blätter liegen von damals mit einer Fotografie, da ist ein Mann zu sehen mit dem Plakat HIER STREIKT DIE K.P.D. und ein anderer mit der Tafel HIER STREIKT DIE N.S.B.O. In einer alten Zeitung, übriggeblieben wegen des Eingewickelten, wäre Ernst Thälmanns Analyse der Situation doch zu finden: *Die Strassenbahner stehen mit einem Fuss im Grabe, und mit dem anderen nagen sie am Hungertuch.* Sehr richtig, und wer klingelt dann? Dazu brauchte ich kein Archiv, als ich aus der Schule gelaufen war, die weggetäuschten Zitate boten sich an, von Clara Zetkin, Walter Ulbricht, Manuilski, Molotow bis zu Stalin. Cresspahl bekam das postfrisch. Er hat es gewusst.

Lisbeth mag anders gelesen haben. Wenn Nazischläger im August 1932 einen Arbeiter in Potempa zu Tode trampeln, vor den Augen seiner Familie, wie konnte sie je Cresspahl zurückkriegen in ein Mecklenburg, das von solchen Schlägern regiert wurde, nie, wenn deren Führer sich den Mördern »in unbegrenzter Treue verbunden« erklärte. Lisbeth mag sich weniger gekümmert haben um die Zeitungen. Sie trug an Sorgen. Die hielt sie heraus aus ihren Briefen nach Hause, denn die gab sie Cresspahl zu lesen (sie waren ja Liebesleute). An ihren Erzählungen von Ausflügen, Richmond Park, dem vertückschten Enkelkind von Mrs Jones durfte Cresspahl sehen, dass sie zurecht kam mit der neuen Heimat, zufrieden war, lustig, zu ihrem Glück. Die Sorgen versteckte sie, weil sie gegen das Versprechen gingen, gegeben im vorigen August an der Ostsee, im Guten und im

Bösen, »bis dass wir enden«. Sie quälte sich mit der Heimlichkeit vor dem Mann, der sich in der fremden Sprache übermütig, geradezu masslos betrug im Erklären seiner Liebe. *Handsome is that handsome does.* Das Versteck für die Sorgen waren Aufzeichnungen, geführt in Schulheften, in denen Cresspahl Kochrezepte vermutet hätte. Eines verbrannte sie im Späneofen, nach einer Nacht mit Sturm und Blitzschlag; sie fing ein neues an mit der Erzählung davon, damit doch kein Beweis für ihre Sünde aus der Welt käme. Sie hatte es nun versucht mit der Kirche, weiterhin stiess ihr Blick sich am lila Umhang des Priesters. Sie sah die Leute beten, sie fühlte die Richtung des Bittens, die Richtung führte ihr Herz nicht mit, sie meinte sich ungehört, ausser wenn sie allein sprach zu ihrem Gott. *Wer die Hand an den Pflug legt und schaut zurück, der taugt nicht zum Reiche Gottes.* Dass sie anonyme Zuschriften bekam mit Hinweis auf eine Mrs Trowbridge, sie nahm das auf eine leichte Schulter; Cresspahl hatte ihr von der das Nötige gesagt, bis auf den Namen. Aber, wenn doch die englische Sprache knapper sein sollte als die deutsche, wie denn durfte panieren sich auswachsen zu to cover with egg and breadcrumbs, und statt to cover konnte sie auch noch to dress oder to sprinkle benutzen, ohne jede Ahnung, welches denn nun das schicklichste war! Ja, sie hatte Galsworthy aufgegeben, sie unterrichtete sich nun auch aus etwas anderem als aus Beverly Nichols' Sammlung von Porträts aus feinen Kreisen. *Are they the same at home?* Das ist ihr als Florin Book geschenkt von einer Winfred Edwards, wer mag das gewesen sein, »with richest regards«. Nein, sie suchte Hilfe in Krimis und erschrak, wenn »Die neununddreissig Stufen« von John Buchan doch wieder hinausliefen auf eine perfide deutsche Verschwörung gegen Albion, aber Philip MacDonalds »Rynox Murder« war barmherzig und lehrte sie die Umschrift des Cockney, so dass sie Mr Smith und Percy des öfteren gleich verstand.

Mr Smith war es ganz zufrieden, unter Cresspahl zu arbeiten, der griff ja mit zu; der ausgemergelte Kauz machte ihr oft genug Mut mit seinem unermüdlichen Lächeln bei jeder Begegnung, und nach einer Weile merkte sie, wie sein Lob für ihre Küche überging ins Ehrliche. Denn die beiden assen bei ihr, ihr gefiel des Jungen Percy Verliebtheit in sie, die wollte er so geschickt verstecken, die stand ihm auf der Stirn geschrieben. Aber Percy war arm, sein Lohn sollte noch reichen für Vater und Mutter und viele Menschen im Land waren arm und zogen auf den Strassen in Kolonnen umher; wie sollte Cresspahl sie beide denn durchbringen können, wenn er auch etwas Besonderes konnte mit seinen Händen und ein cabinet maker war. Da sehe ich sie einmal, in der Gegend von Charing Cross: eine junge Frau in neuem Mantel, einen Fuchskragen um den Hals, die halb töricht halb ängstlich auf den Marsch der höflichen Arbeitlosen blickt. Ja, und was aus Mecklenburg kam, Einladungen an Cresspahl waren das nie und nimmer: ihre Schwester Hilde hatte ihrem Alexander beim Anstecken der Ziegelei geholfen, nun wunderte sich die Versicherung über den Brandfleck auf dem Steinboden, wo das Hindenburglicht gestanden hatte, die Polizei von Krakow am See war gleicher Massen behindert. Und Horst, der vorerst einzige Nazi unter den Papenbrocks, wollte sich verheiraten mit einem Mädchen aus Kröpelin, die führte weibliche Nazis bei etwas an. *Bubi Drück Mich*. Zu der Hochzeit würde Cresspahl nicht fahren. Nur Hilde und Alexander hatte er eingeladen zu Besuch; leben wollte er nur mit ihr, nicht mit der Familie. Es fiel ihr schwer, war zwar was sie gewünscht hatte; oft, zu ihrer Überraschung, war ihr zumute, als hätte sie sich längst geschickt im Grunde. Das nahm zu wie das Kind, das sie spürte in ihrem Bauch. Dann war es wahr statt Verstellung, wenn sie sich aussprach für die Eingemeindung von Ham als sei die Stadt Richmond nun auch die ihre, wenn sie lachte im Kino über

Buster Keaton und fühlte, wie Cresspahl sie von der Seite ansah im Dämmerlicht. Und sie hat sich gefreut bis zu Tränen, als einer alten Frau ihr vorgetretener Bauch auffiel, so dass sie sagte: God bless you, dearie. Und oft, wenn sie umging mit der fremden Sprache, wurde sie getröstet. *Teach me laughter, save my soul.* Cresspahl wünschte sich ein Mädchen. Ein Junge sollte Heinrich heissen. Henry meinst du, Lisbeth. Henry mein ich.

Wie kann ich denn glauben, es habe einer geborenen Papenbrock, aus deutschnationalem Hause, gefehlt an Frohlocken, als den Deutschen auf der Genfer Abrüstungskonferenz Anfang Dezember erlaubt wurde, nun aufzurüsten wie Frankreich und Grossbritannien und Italien und den U.S.A., die sassen da alle um einen Tisch. Ich kann es glauben, wenn sie Cresspahl zuhörte in seinem Haus: Lisbeth, in Inglant möt'ck nich in de Army. Also, noch einmal, wie erst die Tochter es gelernt hat: Es war erreicht, wofür Ebert und Rathenau und Stresemann und Brüning gearbeitet hatten, der Vertrag von Versailles ist erledigt, das nimmt Hitler dann sich als Verdienst, und nicht die AVUS GmbH von 1913 hat die Autobahn erfunden, von der die Rheinische Provinzialverwaltung von 1928 in diesem Dezember das Stück zwischen Köln und Bonn eröffnet. Papen ist sauer auf seinen Nachfolger Schleicher, dieser General hat ihm einen piekfeinen Staatsstreich vermasselt, er hält im berliner Herrenklub eine warmherzige Rede, schon Anfang Januar kungelt er mit Hitler und der Industrie in Köln ein gemeinsames Kabinett aus, guten Tag Herr von Krupp, und weil der Gastgeber ein Bankier ist, Baron von Schroeder, noblesse oblige, kriegt die Nazipartei endlich wieder Bares in die Kasse, eben noch rechtzeitig für die Wahlen im Lipper Ländchen, *die letzten, die in Deutschland Geschichte machen, werden wir sein,* 9 von 21 Mandaten, bloss 5000 Stimmen mehr, aber zu Radau reicht es, dann wird der Handel im Haus eines Sektvertreters perfekt gemacht, »wir rahmen Hitler also ein«, und jetzt bittet Schleicher selber um einen Staatsstreich, aber zur Abwechslung will der Reichspräsident einmal sich halten an die Verfassung. Und wie die Tochter es nicht gehabt hat in der Schule: Am 22. Januar marschieren fünfzehntausend S.A.-Rabauken auf den Bülowplatz und stellen sich auf vor dem Liebknechthaus, ihr Horst Wessel soll einen Gedenkstein kriegen, die K.P.D. sieht aus verbarrikadierten Fenstern zu, nämlich, es ist ein kleines Telegramm gekommen aus Moskau von der Komintern, das verbietet Gegendemonstration, zwar einen Aufruf an die Genossen dürfen sie noch drucken, *Morgen dem Faschismus unsere Macht gezeigt*, dann haben die Genossen Vorsitzenden ihre Schreibtische konkret geräumt, als von zehntausenden berliner Kommunisten blasse achthundert auf den Bülowplatz schleichen, mit denen hat die Polizei es leicht. Die Eiserne Front bietet der K.P.D. ein Bündnis an, das sind die Gewerkschaften und die Arbeitersportorganisationen und die sozialdemokratische Privatarmee Reichsbanner und der Beamtenbund, das müsste reichen, Thälmann lehnt ab, Stalins gefügiger Sohn. Die S.P.D. bietet den Kommunisten einen Waffenstillstand an, Manuilski von der Komintern lässt ihn zurückweisen, Verständigung nur von unten, in letzter Minute lädt die K.P.D. die S.P.D. zu einem gemeinsamen Generalstreik ein, nun doch Verständigung von oben, nämlich zwecks Errichtung der Arbeiter- und Bauernrepublik, da fühlen die Sozialdemokraten sich verkackeiert. Nein, Hitler hatte die Macht noch nicht entgegengenommen, als meine Mutter sich entschloss, zur Geburt nach Deutschland zu reisen, aber so viel wusste sie, ein Land für Kinder sieht anders aus. Mit meinem Kind wäre ich zu ihr nicht gefahren, und wenn sie lebte.

Cresspahl wollte ihr den Willen tun, ja lassen, in der Meinung, er kenne ihren Willen, und ihr selber sei er bewusst. Cresspahl nötigte sich zu begreifen, dass sie das erste Kind bei den Eltern auf die Welt bringen wollte (gegen die Abrede); unerfindlich blieb ihm lange, wie sie wegfahren konnte von ihm. Da hätte er weiter denken sollen. Denn kaum war sie angekommen in Jerichow, da ging die Lieblingstochter den alten Papenbrock an und verschwor sich mit dem gegen den eigenen Mann, der sollte in Deutschland festgebunden werden mit dem Pinnowschen Grundstück, einem Bauernhaus mit Scheune neben der Ziegelei, hinter dem Friedhof, und binden liess er sich, weil es statt ihm der Tochter gehören sollte, die Anfang März geboren war. Aber der Daily Telegraph war schwarz gewesen vom Rauch des brennenden Reichstags in Berlin, und die Verordnung zum Schutz von Volk und Staat, die Aufhebung von sieben bürgerlichen Freiheiten, er hatte sie am Tag vor meiner Geburt am eigenen Leibe erlebt, da hatten sie ihn ein bisschen verhaftet in der Freien und Hansestadt Lübeck, er sah doch den Rummel der Märzwahlen mit eigenen Augen, *der Marschall und der Gefreite*, die Fackelzüge, die Lautsprecherwagen, die Fahnenbahnen, bezahlt mit den noch einmal drei Millionen Mark von der Fr. Krupp A.G., der I.G. Farbenindustrie A.G., den Vereinigten Stahlwerken A.G., und aus dem Staatshaushalt. *Dat is'n slichten Soot, wo man dat Water rindragen möt.* Einrahmung Hitlers, was sollte denn das heissen, wenn Frick das Innenministerium fürs Reich hatte und Göring das für Preussen. Die sozialdemokratische wie die kommunistische Presse war verboten, und Cresspahl musste sich von Peter Wulff erklären lassen, warum Leute in Jerichow »den Engländer« so ansahen mit vorsichtiger Verachtung: er hatte sich verwandt gemacht mit einem Horst Papenbrock, der hatte etwas zu tun mit dem Totschlag an Voss in Seebad Rande. Mit Stahlruten. Aber nein, Lisbeth sieht ihn gross an, ihre Lippen beben, da liegt das Kind; er will denn also einsehen, dass es ihr zu schlecht gegangen ist fern der Mecklenburgischen Landeskirche und dass sie in der Seele gefroren hat an den kalten Farben, dem Rot und Blau von England; er bewundert sie noch für solch vornehme Art von Leiden, statt sich an den Fingern abzuzählen, dass die Nazis demnächst Lisbeths Kirche piesacken werden, und Lisbeth, *der Furcht so fern, dem Tod so nah, Heil dir S.A.* Er vertraut ihr ganz ohne Arg: Es ist, wie sie sagt. So falsch hat auch Peter Niebuhr geliebt, der kriegt nun bald seine Martha wieder, die aber ist während seiner Entfernung einem anderen Mann nachgelaufen, bis der sie endlich ins Bett holte, mit dem will sie immer noch ins Bett, zu Peter aber sagt sie: Dir war ich treu. Lisbeth sagt: Dem Kind zuliebe; sie will gut verstecken, dass sie im Ausland nicht geschafft hat, womit sie prahlte, nun soll es anders aussehen für die Leute, Cresspahl fuhr noch seine Mutter beerdigen in Malchow am See, in der Folge verlor Papenbrock viel Geld an dem Geschenk, an dem er hatte verdienen wollen. Als Cresspahl zurückging nach England, Haus und Werkstatt in Richmond aufzuräumen für die Übergabe, gab er auf, was er an Leben sich gewünscht hatte; weil Lisbeth es anders brauchte. *Vör de Hochtied möst du 't wennen, nah de Hochtied is 't to End'n.* Er hatte sich nun einmal abgewöhnt zu zweifeln an einem so schönen und wahrhaftigen Mädchen wie seiner Lisbeth, und er hätte sich geschämt für den blossen Einfall, sie einmal zu ducken.

Als er Ende 1933 zurückkam nach Jerichow und zu den Nazis, hatte die neue deutsche Reichsregierung ihm verschiedene und bestimmte Vorschläge unterbreitet. Seit Hitler vom Reichstag das Recht gegeben war, Gesetze nach Belieben zu erlassen, benutzte er diese Körperschaft nur noch als Gesangsverein, den grössten der Welt, neben dem Reichsarbeitsdienst und der Wehrmacht, die da kommen würde. Repertoire: zwei Lieder. »Die Fahne hoch«, als Kind habe ich mich oft gefragt: warum hoch die Fahne? Im letzten Jahr war von 77 in Deutschland verhängten Todesstrafen keine einzige vollstreckt worden, im ersten Jahr unter Hitler starben drei Viertel der dazu Verurteilten. Am 31. März wurden die Landtage aufgelöst, am 7. April kam das Land Mecklenburg unter die Fuchtel des Reichsstatthalters Friedrich Hildebrandt, eines ländlichen Nachtschutzbeamten, uns' Grossherzog E, von wegen Ersatz, Fiete Vögenteich, nach dem rostocker Platz, den sein Name zieren musste. »Der Mecklenburger nimmt alles gern humorvoll.« Am Ersten Mai trug Herr Hitler weiterhin seine Schulden bei der Industrie ab und erklärte ihn zum »Tag der nationalen Arbeit«; anderthalb Millionen Menschen auf dem Tempelhofer Feld in Berlin. Am 2. Mai liess er die Häuser der Gewerkschaften besetzen, am 10. Mai übernahm er deren Besitz und Bankguthaben in seine »Deutsche Arbeitsfront«, die in einem Zahnrad das indische Symbol für ein Wohlergehen auf der Erde führte. *Ehret die Arbeit und achtet den Arbeiter, Arbeiter der Stirn und Arbeiter der Faust, Gemeinheit geht vor Eigennutz.* Die Sozialdemokraten hatten sich verrechnet mit ihrer Billigung für Hitlers Aussenpolitik, die wurden am 22. Mai verboten und auch nicht wieder lieb Kind, als sie im Juni die jüdischen Mitglieder ihres Parteivorstandes rauswählten. Schlag nach Schlag, schlag-artig wurden alle Parteien verboten von der einen; Papenbrock seine nannte das denn ein Freundschaftsabkommen. Im September ist Lisbeths Kirche dran, die Deutschen Christen gehen auf die Bekennenden los. Im September werden alle Bauernhöfe bis 125 Hektar unteilbar, unveräusserlich und unbelastbar gemacht; so viel verstanden die vom Blut, so viel erahnten die von Boden. Am 13. Oktober schmiss Fiete Vögenteich in Rostock die beiden Mecklenburg und Lübeck zu einem Haufen zusammen. Und die Kinder hatten schulfrei. Mitte November stimmten 92 vom Hundert für Hitlers Einheitsliste und eine Aussenpolitik, die sie weggeführt hatte aus dem Völkerbund. Das war Cresspahl angeboten. Wenn er tagsüber wenig Zeit hatte sich zu bedenken, es zu überschlafen hatte er Zeit. Obwohl er den Betrieb der Werkstatt abbaute, hatten Mr Smith und er mehr zu tun als früher, denn Perceval hatte gekündigt, ohne Gründe zu nennen, und Mr Smith verstand den Mund zu halten. Cresspahl nahm die Flüchtlinge aus Deutschland auf, die die S.P.D. ihm schickte, aber sie standen so unbehilflich im Weg. Seit Juli war er überdies beschäftigt mit der Neuigkeit, dass Elizabeth Trowbridge einen Sohn geboren hatte, der hiess nach ihm, Henry. *Never seek to tell thy love / Love that never told can be; / For the gentle wind does move / Silently, invisibly.* Und dass sie sich versteckt hielt vor ihm. Mit der Kündigung des Pachtvertrages hatte er es absichtlich eingerichtet, dass er sieben Monate Zeit hatte zum Nachdenken über die Vorschläge der deutschen Reichsregierung. Er fand nur heraus: ohne Lisbeth war schlecht leben. Hätte er sie einmal gezwungen! er braucht sie nur von Papenbrock ans Telefon holen lassen, am nächsten Tag reist sie; mit Wissen hätte der Alte ihr Hilfe gegen Cresspahl verweigert. *Mannshand hürt båben.* Und Lisbeth log. Sie schrieb lange Briefe. Darin fehlte: Der Krawall, in den ihre Schwester beim Judenboykott in Gneez geraten war. Der »Schandpfahl«, die Holzstange mitten auf dem jerichower Markt, an die ein Buch des emigrierten Schriftstellers de Catt genagelt war, dieweil er aus dem Landkreis Gneez stammte und der nächste dazu war. Der Prozess gegen Ossi Rahn, später bekannt als »Ossi Menschenfreund« im Konzentrationslager Fürstenberg. Kein Wort davon, dass Dr. Arthur Semig, befreundet mit Cresspahl, als Jude und Offizier und Träger des Eisernen Kreuzes Erster Klasse nun auch noch die Fleischbeschau verloren hatte. Keine Silbe davon, dass ein früherer Ministerpräsident von Mecklenburg-Schwerin totgeschlagen in einem Sack an einem Flussufer in Berlin angeschwemmt worden war, Bekanntschaft von Papenbrock. Sie hielt von Cresspahl fern, was ihn an der Rückkehr hindern konnte, sie schrieb von der Ähnlichkeit des Kindes mit ihm, von Horsts Abreise nach Brasilien auf die Suche nach dem verschollenen Bruder, sie schilderte ihm Badeausflüge, Sonnenuntergang zugegeben. Wegen der Schwangerschaft von Aggie Brüshaver hatte sie die Bibelstunden im Pfarrhaus wieder aufgenommen, da lehrte sie die Kinder das achte Gebot, sie übte ihnen ein Lied ein für den Reformationstag. *Va toujours fidèle et probe / Jusqu' à ton tombeau froid / Et ne t'écarte pas d'un pas / Du chemin du Seigneur.* Ihre Stimme war ein Alt, ganz klar.

1934 im Januar werden die Volksvertretungen der deutschen Länder aufgehoben, Mecklenburg verliert sein Hoheitsrecht an das Reich, und Cresspahl richtete sich ein. Er fing an mit der Pinnowschen Scheune, die Werkstatt werden sollte, er machte da was er konnte allein, das nahm das ehrsame Handwerk von Jerichow ihm krumm, das leuchtete jedem ein. Die Leute glaubten an einen Streit mit Peter Wulff, weil sie ihn nicht mehr sahen in dessen Schankstube; Cresspahl sass da nach der Polizeistunde. Es ist da wohl reichlich Schabernack verabredet worden zum Ärger des Bürgermeisters und Ortsgruppenleiters Friedrich Jansen, dem immer wieder die Fahnenstangen vom Markt gestohlen und dessen am Bahnhof feierlich gepflanzter »Hitlereiche« die Wurzeln abgegraben wurden. Wenn Cresspahl auf dem Umweg durch die Bäk zu seinem Arbeitsplatz ging statt über die Stadt-, die Adolf-Hitler-Strasse, so weil Dr. Semig am frühen Morgen nunmehr öfter Zeit hatte für ein bisschen Reden über den Gartenzaun, ganz anders als in der Republik. An allen drei Ortsausgängen Jerichows stand die Tafel dagegen, *Juden sind hier unerwünscht*, aber Cresspahl durfte dem Juden sein Pritschenauto abkaufen, er durfte sich von dem Juden helfen lassen bei der Herrichtung seines Anwesens, wenn der sich langweilte ohne Arbeit. Das hatte dieser »Engländer« wohl so gelernt im Auswärtigen, dass Juden auch Menschen sind. Seine Arbeit war gediegen, du geh man zu Else Pienagel und lass dir den Nähtisch zeigen, glatt willst du ihr den abkaufen. Die Stadt, was wollte sie mit ihm denn machen als einverstanden sein, denn er war es, den »uns' Lisbeth« sich ausgesucht hatte und der zu ihr war, ja man möcht' es wohl auch. Der geht nicht bloss in der Nacht mit ihr auf der Seepromenade spazieren, Arm in Arm, am hellichten Sonntag tut er das, und auf dem Markt auch, die haben hundert Schritt bis zu Papenbrocks Tür und müssen doch gleich sich umarmen in Swensons Torweg, und wenn sie mittags mit dem zugedeckten Korb zu ihm geht, sie sieht doch aus wie ein Kind, das ist unterwegs zur Bescherung! Es war so, auch für Cresspahl. *Sei is doch de stillste von alle to Kark! Sei is doch de schönste von alle tau Markt. So wittlich, so weiklich, un dei Ogen so grot, so blag as dei Häwen und deip as de Soot.* Er hatte ihr die Lügerei nicht vorgehalten, denn sie war so heftig erschrocken in der Nacht seiner Ankunft und seit dem manchmal so bedrückt im Wesen, er nahm das kurzer Hand für Reue. Leider war sie so nun oft, empfindlich, schreckhaft. Er hatte etwas Hartes in der Kehle, wenn er sie dann ansah, ihre Anmut kam ihm vergeudet vor. Er wünschte sie als das fröhliche, unbefangene, schabernacksche Mädchen, das er geheiratet hatte, so wie sie war im Umgang mit Hilde, der sie als die jüngere Schwester Unterricht gab in der Kinderpflege. Denn seit sie eingezogen waren in ihr Haus, wohnten ihnen gegenüber in der Villa die Paepckes, Papenbrock hatte solchen Schwiegersohn in seiner Weisheit in eine Ziegeleipacht gesetzt, wo er ihn im Auge behalten konnte. Das

Kind war auf den Namen Ulrike getauft worden, und erst ein Vierteljahr danach war Hilde eingefallen, dass das Mädchen doch Alexandra heissen musste, nach dem Vater. So lebten die miteinander. Denen gelang es. Eine andere Freundschaft, auch angefangen über ein Kleinkind, lebte leider um die Ecke, Frau Pastor Brüshaver, von der Lisbeth zu viel erfuhr über die Bedrängnis der Mecklenburgischen Landeskirche und dieses Brüshaver, der am Pfarrernotbund festhielt, dessen Botschaften von der Kanzel verlas und bereits einmal »schwer verwarnt« worden war. Sie kam so aufgeregt von da zurück, sie quälte sich. Und als im Juni Hitler in seiner S.A. herumschoss, weil die ihm lästig fiel mit ihren Erinnerungen an das Versprechen, die Zinsknechtschaft und die Warenhäuser abzuschaffen, *das braune Heer*, sah Lisbeth auf Cresspahl aus ihren grossen dunklen Augen, er musste es geradezu als einen Vorwurf nehmen. Ihm lag weniger daran, dass er Stück für Stück recht bekam und das, was er ihr vorausgesagt hatte. Seine Mitteilung von einem Kind namens Henry Trowbridge hatte sie sanftmütig, eher heiter aufgenommen. So sollte sie sein, seine Lisbeth.

Er verkniff sich schon Anmerkungen zu der militärischen Redeweise der Nazis, *Arbeitsfront, Arbeitsschlacht*, battaglia del grano, ihm rutschte doch etwas aus dem Mund über den kommenden Krieg, als die Reichswehr nach Hindenburgs Tod augenblicklich vereidigt wurde auf Hitler, auf einen einzigen Mann, nach einem Textentwurf von der Reichswehrführung; sie zuckte zusammen, als habe er nach ihr geworfen. 1934, Ermordung Kirows in Leningrad, aber aus dem einzigen Kommunisten in der Familie, aus Peter Niebuhr war kein Sterbenswort herauszukriegen über die Verhaftungen en masse in der Sowjetunion, der wollte sein Parteibuch schon vor zweieinhalb Jahren zurückgegeben haben. Der kam zu Besuch mit seiner jungen

Frau, der geborenen Klünder aus Waren, war das ein zärtliches, friedliches Paar, aber Lisbeth misstraute da dem Frieden. Sie nahm ja auch den Mann nicht an, den Horst nun angebracht hatte aus den U.S.A., den alle anderen Papenbrocks erkennen wollten als den verschollenen Robert, dem gaben die Nazis gleich eine Villa in Schwerin, Dienstwagen mit Chauffeur und Aufträge im Ausland, der wird mal Sonderführer hinter der Ostfront. 1935, deutsch ist die Saar, *Nix wie hemm! und er hat uns ein kleines Licht angemacht.* Am 10. März prahlt Reichsluftfahrtminister Göring mit einer Unmenge Bomben- und Jagdgeschwader, am 16. März verkündet Hitler die Wiedereinführung der allgemeinen Wehrpflicht, 36 Divisionen, fünfzigtausend Mann will er fürs erste, *Nein! Das nationalsozialistische Deutschland will den Frieden aus tiefinnersten weltanschaulichen Überzeugungen,* und die Briten bewilligen diesem tiefinnerlichen Deutschland 35 Prozent der eigenen Kriegsmarine, fünf Schlachtschiffe, 21 Kreuzer, 64 Zerstörer darf Hitler bauen lassen und im Notfall so viele Unterseeboote wie Grossbritannien hat. Reichsluftschutzgesetz. 1935, die Nürnberger Gesetze, *zum Schutz des deutschen Blutes und der deutschen Ehre,* und Cresspahl schafft und schafft es nicht, Dora und Arthur Semig zur Auswanderung zu bewegen. In Mecklenburg gibt es Dörfer, die haben das »Wendisch« aus ihrem Namen verloren. 1935, das Jahr, in dem Cresspahl tief abrutscht ins Saufen, bis 1938 wird er fast jeden Abend einendreiviertel Liter Schnaps trinken, allein in der Küche. Lisbeth ist ihm unerfindlich, sie verweigert ihm die Kinder, die sie versprochen hat, und Lisbeth bricht ein Versprechen, und er wollte die Kinder doch dass sie wären wie Lisbeth, und einsehen soll er es auch, die Schuld über Kinder gebracht in einer Welt mit Krieg. Obendrein kam sie ihm mit der Bibel und dem Knallkopp Paulus; Aggie Brüshaver aber war schon wieder schwanger von ihrem Pastor. Geschäftlich ist

1935 ein erfolgreiches Jahr. Er hat sich mit der Innung in Gneez in gutes Benehmen gesetzt, sie nehmen ihn mit in den Auftrag, einen Fliegerhorst zu bauen auf dem Gebiet des Dorfes Mariengabe nördlich von Jerichow. Jene Nazis, die sich Faschisten nennen, versuchen es schon mit dem Krieg, gegen Abessinien, konventionell und mit Giftgas.

Geschäftlich ging es aufwärts mit der Firma Cresspahl im Jahr 1936, Arbeit hatte er für acht Leute, Gefolgschaft hiess das, drei pralle Konten führte er, als einzigen Privatauftrag konnte er in diesen Jahren einen Schreibtisch für Dr. Julius Kliefoth annehmen, Oberstudienrat am gneezer Gymnasium und Leutnant a.D. Aber für das Zentralblatt »Deutsches Katzenwesen«, dessen Abonnement ihm das Finanzamt nahelegte, hatte er kein Geld. Das Deutsche Reich kündigt den Vertrag von Locarno und schickt Truppen in das entmilitarisierte Rheinland, 99 Prozent für Hitler bei den Reichstagswahlen. Und Lisbeth weigerte sich wieder und wieder, nach Gneez zu fahren und die Formulare abzuholen beim Heeresbauamt in der Eisenbahnstrasse, weil es doch für den Krieg sei. Jedoch eine Rückkehr nach England lehnte sie rundweg ab. Was war bloss mit Lisbeth. Wess man werre richtich, Lisbeth. In Spanien war Krieg, da flog der Sohn aus Brüshavers erster Ehe mit der Legion Condor, für den hoffte der Vater auf die Kommandantur des Fliegerhorstes Mariengabe, den wird er zurückkriegen in einer zugelöteten Zinkkiste. *Viva la muerte! Abajo la inteligencia!* 1936, die Olympischen Spiele in Berlin, die Franzosen grüssen die Hitlertribüne mit ausgestreckter rechter Hand, die berliner Juden dürfen noch einmal Platz nehmen auf öffentlichen Parkbänken, anders als die in Gneez und Jerichow, die Deutschen siegen mit 33 Goldmedaillen, *das Heer braucht den körperlich bereits tadellos vorgebildeten jungen Menschen nur mehr in den Soldaten zu verwandeln.* Geschäftlich ging es gut, schwindlig konnte einem werden, die Arbeitlosen waren von der Strasse in die Rüstungsfabriken geholt worden und zu den unerschöpflich beliebten Autobahnen, *Kanonen statt Butter,* 1933 war knapp eine Milliarde Reichsmark an die Wehrmacht gegangen, 1936 bekam sie schon über neun, die Reichsschuld beträgt mehr als ein Drittel des gesamten inländischen Geldvermögens, da sind die Länder und Gemeinden noch hinzuzurechnen, das wird hingebogen, *blindlings, total,* mit Lohnstopp, Preisstopp, Investitionskontrolle, Mefo-Wechseln, Devisenkontrolle, Rohstoffzuteilung, deficit spending, Schiebung, *deine Hand dem Handwerk,* da muss einer schon ein Los haben bei einem Luftwaffenprojekt, sonst gehört er zu den über fünfzigtausend Handwerksbetrieben, die inzwischen ruiniert sind. Jetzt genügt es zu sagen: Wieder keine Margarine da, was denken sich die Brüder eigentlich, dann kommen sie und holen dich, die Brüder. Leere Zahnpastatuben sind abzuliefern, »denn sie sind aus Metall, und bekanntlich schreibt der Vierjahresplan grösste Sparsamkeit vor«. Achse Rom – Berlin. Antikominternpakt mit Japan. Die in der Sowjetunion kriegen eine Verfassung, »Demokratie höheren Typs«. *Unsere Verfassung ist der Wille des Führers.* Und Lisbeth kriegt es zu Weihnachten fertig, dass sie ein Kind verliert und wird blutend ins gneezer Krankenhaus gefahren, weil sie doch noch Angst hat vor dem Sterben. Cresspahl hat da an ein Unglück geglaubt von Natur wegen, und die Tochter war später zu feige, ihm zu sagen, was Dr. Berling ihm verschweigen konnte, denn in ärztlichen Dingen quasselte der nie.

Im Januar 1937 stiftet Hitler einen »Deutschen Nationalpreis für Kunst und Wissenschaft«, *um für alle Zukunft beschämenden Vorgängen vorzubeugen.* Aber Ossietzky bleibt in Haft, darin wird er sterben. Das neuartige Fliessband, das Stalins Vyshinski sich ausgedacht hat für seine

Genossen, der »Konvejer« erreicht im Juni den Generalstab der Roten Armee, Hinrichtung Tuchatschewskis. *Spione, Verletzer der Militärpflicht, Verräter der Heimat und der Roten Armee – erschiesst sie! Pust sdrawstwujet i proswetajet nascha rodina!* Im Sommer 1937 sah meine Mutter zu, wie ich in die Wassertonne fiel, stand starr und steif, noch als Cresspahl um die Hausecke kam und zusprang über acht Meter. Sie hat er nicht angerührt, das vierjährige Kind hat er windelweich geschlagen, nur so konnte er es schützen vor der Mutter und der Wassertonne. Er ahnte nun, dass Lisbeth zugrunde ging, sie schwieg statt ihm zu helfen bei der Suche nach den Schuldigen, er vermutete da die Ansinnen, die die evangelische Landeskirche an Lisbeth stellte. Im Sommer 1937 hört Lisbeth im Zug von Gneez ein Gespräch unter zwei Männern aus einem anderen Abteil. Wenn die was gedacht haben beim Reden, so an die Freude am Schnacken, denn sie kennt doch Warning wie Hagemeister, wie können die im Ernst glauben, Dr. Semig sei in der Republik behilflich gewesen bei einem Assekuranzbetrug zu Gunsten von Ackerbürger Griem, der ist jetzt ein grosses Tier beim Reichsarbeitsdienst, ein Bär ist das. In einer Verlegenheit, denn so war sie nun, ihr konnten die Gedanken unverhofft weggehen, hilflos erzählt sie das Gehörte Horst. Horst soll enterbt werden, weil er gegen den Willen des Vaters heiratet und nach Güstrow geht, bei dieser notariellen Handlung unter Zeugen ist Horst befangen und erzählt, was Lisbeth beim Halt an der Station Wehrlich hat sagen hören, was die Leute so für Quatsch reden, nich. Der ältere Bruder ist dabei, am 6. September bekommt Lisbeth eine Ladung vor das Landgericht Gneez. Uns' Lisbeth unter Eid vor Gericht, was soll das werden? *Dass die Trübsal Geduld wird, die Geduld aber Bewährung, die Bewährung aber Hoffnung.* Dann aber holen sie Dr. Semig in die Keller unterm Amtsgericht. Sie unternimmt den ersten Versuch sich zu töten, von dem Cresspahl weiss, aber ihr Fehler ist die Badekappe, die sieht Fischer Stahlbom vier Kilometer vor der Küste. »Ich hab mich verschwommen.« Die Stadt sieht wo anders hin, immer noch auf die Herbstmanöver, Mussolini in Mecklenburg und jene Frau, die ihren Jungen verhaut mit der öffentlichen Begründung: De doemliche Jung, den ganssn Dach anne Strât steihn un Heil Hitler ropen, das künn he, oewe seggn, datt he ut de Büx möt, dat bröcht he nich farig! Peter Niebuhr, Reichsnährstand Berlin, der hing so an Lisbeth, Martha war reinweg eifersüchtig, der geht hin und drückt über Kontakte im Justizministerium auf den Prozess, damit er zuläuft auf einen bestechlichen R.A.D.-Führer und weg von Lisbeth, gerade noch rechtzeitig kriegt er das Verfahren wieder auf Sparflamme, Lisbeth kann vor Gericht ihre Wahrheit sagen und muss keinem mehr schaden als eben drin ist, und ganz Jerichow hatte längst gewusst, dass niemand als uns' Lisbeth einem leibhaftigen Landgerichtsdirektor etwas ins Gesicht sagt von dumm Tüch und Nonsense, das mach du ihr nach. Wie konnte der eigene Mann ahnen, dass sie ihm ihre Wahrheit vorenthielt! Sie war danach noch scheuer gegen die Leute, schickte zum Einkaufen die Pflichtjahrmädchen, galt für kränkelnd, war krank. Dr. Semig wollte nun etwas gelernt haben und nahm an, was Cresspahl und Avenarius Kollmorgen und Baron von Rammin ihm im Österreichischen besorgt hatten, er ging mit Dora weg. So kriegten sie ihn erst, als sie die französische Riviera besetzten. Er ist mein Pate gewesen.

Im November 1937 legte Hitler den Oberbefehlshabern der Wehrmachtgattungen und dem Aussenminister seine Nahziele auf den Tisch: Österreich und die Tschechoslowakei; im Februar 1938 übernimmt er das Kriegsministerium. Der Volkswagen, den er brauchen wird als Kübelwagen, ist lieferbar. *Fünf Mark die Woche musst du sparen, willst du im eignen Wagen fahren.* Im März Einmarsch in Österreich, staatliche Vereinigung, vom Hundert der Österreicher sind noch nicht vier dagegen. *Adolf Hitler ist das Werkzeug der Vorsehung.* Und Göring erscheint auf dem Flughafen Wien-Aspern in Luftwaffenuniform mit Reitsporen an den Stiefeln. Sein Chef jedoch, wie 1933, ist insgeheim enttäuscht über das Ausbleiben von Widerstand, *ein Schönheitsfehler an der klassischen Revolution.* Im Frühjahr sucht Lisbeth einen Platz für das Kind bei ihrer Schwester Hilde in Podejuch. Denn Alexander Paepcke hat es geschafft, mit der jerichowschen Ziegelei ins Rote zu kommen, das Feuer machte ihm diesmal der alte Papenbrock unterm Hintern, da ging er zur Heeresintendantur Stettin und war nun Major der Reserve. Sie hatten nun drei Kinder, die Alexandra, den Eberhard, die Christine, da war ein Platz für mich. In diesem Frühjahr sprach Aggie Brüshaver mit ihrem Mann über die absonderliche Behauptung Lisbeths, die Heilige Schrift verbiete an keiner Stelle, dass ein Mensch Hand an sein Leben lege. Brüshaver hatte viele Dinge um den Kopf, einer in der Gemeinde schrieb seine Predigten mit, die Geheime Staatspolizei kam zu Besuch, der Sohn war unwürdig unter die Erde gebracht worden, der Niemöller-Prozess hatte die Kirche geschändet. Er schrieb neun Stellen auf für die Freundin seiner Frau, aber er vergass ihr den Zettel zu geben und ihr das Wichtigste zu sagen: Selbstmord sei nicht vor Menschen verwerflich, er sei Abfall von Gott. *Wenn Einer dauhn deiht, wat hei deiht, denn kann hei nich mihr dauhn, as hei deiht.* Und für den Mai wünschte ich, es sei Mr Smith zu Besuch gekommen. Er kam und war ein Freund geworden und erzählte von der Krönung Georgs V., dem Film »39 steps« mit jener deutschen Schauspielerin Lucie Mannheim, auch von Herr Brickendrop, eine Matrosenmütze für das Kind brachte er, mit Cresspahl ging er auf die Terrasse des Hotels Erbgrossherzog in Rande, und Lisbeth hat geweint, als der Milchholerzug anruckte und ihr den dürren barmherzigen Herrn wegnahm mitsamt seinem engen verschwiegenen Gesicht. Ich habe auch geweint. Im September schenken Daladier und Chamberlain Herrn Hitler das Sudetenland, er möchte es doch so gerne haben, *give him a chance zu be a good boy.* Es soll nun auch das Letzte sein, was er braucht. *Peace for our time.*

When I was very young. Alles kam auf einmal in den Tag. Eben noch weggesperrt in den Schlaf, gleich die anderen erkennen an den Geräuschen, die sie durch die Wände melden: Herdringe klappen ein, die Pumpe zog deftige Schlucke Wassers aus der Erde, unter Holz ächzende Körbe stiegen vom Boden abwärts, im Werkstatthaus die Maschinen schrapten friedfertig oder narrten den Hahn: Nachrichten von Leuten, sie standen bevor so wirklich wie hinter den geschlossenen Lidern aufbewahrt. Erwachen ohne Trennung. Und alle wussten ein Kind hier liegen, ne lütte Deern, min Schieting, Cresspahl sin Sining, so hielten sie mir einen Platz frei im Tag. Mit den Katzen war ich verabredet, mit den Schwalben. Ohne Blick für die Katzen wartete ein Hund bei uns auf die Rückkehr von Arthur Semig, Rex hiess der und King. Lange sass das Haus ganz für sich auf der Welt, Spuren traten sich neu in den Schnee, im Sommer der Weizen stand auf dem Sprung ins Brennen. Durch Hof und Haus legte ich eine Fährte aus abgestreiften Holzpantoffeln, – denn wüsstn wi je ümme, wo du wæst wierst. Cresspahls harte Hände, an ihnen haftete mein Haar. Mit dem Kopf an Cresspahls Jacke, schon war wohnen in ihm. An Lisbeths Hand ging ich auf Verlangen, ihr lief ich nicht zu. Ihr Griff war fest, nicht hart; keine Stimme klang so weich, doch so klar, selbst wenn sie klirrte von Tränen. Nur unter den Glocken bin ich aufgewachsen von St. Petri. War besonnen genug für Plattdeutsch und ein weniges von der vornehmen Sprache, konnte nun Zeit begreifen. Hühner brüten einundzwanzig Tage, Gänse dreiunddreissig, Enten zweiunddreissig. Zeit der Erdbeeren, der Johannisbeeren, der grünen Äpfel. Da hat meine Mutter mich hungern lassen. *Wer aber sein Kind liebhat, der züchtiget es und errettet seine Seele von der Hölle.* Mein Vater fand mich an Liedtkes Schrank und sah mich stehlen von fremdem Brot, mein Vater hat mich gerettet. Die Farben kannte ich nun, vom dehnbaren, bemalten Himmel, den gedörrten Ziegeln, dem wüsten Julimond; den ersten Anblick von unruhigem Grau und Grün wiederholte die Ostsee mir geduldig. Østersøen. Der Seewind bleichte die Birke scheckig im frühen August, da zogen auf der Stoppel die Pferde mit dem kalten Blut, Holsteiner hiessen die und wohnten doch in unserem Lande. Manchmal nahm die Welt ab unter dem Geruch frisch geschnittenen Holzes. War ein Höltentüffelkind, träumte von des Fischers Fru und den Freunden Christopher Robin's. *Ab 30. Mai abends ist die Bezeichnung »Legion Condor« frei. Es dürfen nicht die KdF-Schiffe, die den Transport durchgeführt haben, genannt, noch Bilder gezeigt werden, auf denen man die Schiffe erkennen kann. Kraft durch Freude.*

Die niederdeutsche Sprache weiss bösartige Namen für den Zustand, in den Lisbeth sich hatte fallen lassen, mall und trallig sind herzensgut dagegen, Cresspahl wollte sich lediglich das Wort Krankheit eingestehen. Sie war krank im Kopf. Seine Angst um sie wusste mehr, eine ärztlich erzwungene Einlieferung in die Anstalt auf dem Sachsenberg bei Schwerin, er dachte das zu verhindern, solange er lebte. Sie zu entbehren war undenkbar, obwohl er ihre gefährdeten Zeiten nun schon erkannte an der Haltung, in der sie gedankenlos vor dem offenen Feuerloch stand, oder vor dem Wasserfass. Sie konnte so ein starres Gesicht bekommen, das sah aus nach Trotz, so sehr wehrte sie sich gegen die Tränen. Die Tränen stürzten ihr aus den Augen. Seine Fragen ins Leere, das hatte er mühsam gelernt, sie konnte ihn nur ansehen und weinen. Es war unerträglich, er wollte es ertragen, wenn sie nur bei ihm blieb. Ihr die Hand auf die Schulter legen, das brauchte er. Was hatte er denn zu tun als sie beschützen. Und es kam doch wieder vor und wieder, dann war sie wie sie selbst und sprach mit ihm wie in England, erschrak weniger leicht, bat um Neckerei und gab Schabernack zurück, machte sich Gewerbe in seiner Nähe, ging mit ihm spazieren an der See und fragte ihn aus nach Barlach, den hatten die Nazis in diesem Herbst so weit, er legte sich hin und starb. *Bilder des Künstlers oder seiner Werke sollen nicht gebracht werden.* Werke Barlachs waren im vorigen Jahr als »entartete Kunst« ausgestellt worden. Cresspahl schützte Lisbeth, er gab ihr Aufträge weder in die Stadt noch nach Gneez. Er allein besorgte die Vorräte, die er anlegte für die Mangelzeiten der Kriegswirtschaft; zu seiner Verblüffung fuhr sie gern nach Lübeck das einkaufen, was die Frau besser versteht. Vielleicht, weil sie in Lübeck weniger bekannt war. Er schützte sie und zeigte Freude bei ihrem ersten Anblick am Morgen, wenn sie denn Freude anzunehmen bereit war, er redete ihr Leserbriefe an den Lübecker Generalanzeiger aus, er brachte sie ab vom Ersetzen des vorgeschriebenen Grusses durch »Achtundachtzig«, er versteckte seine Sorgen um sie vor ihr. Am 26. Oktober war der Fliegerhorst so weit fertig, dass die Luftwaffe den Betrieb aufnehmen konnte, Paraden, Kundgebungen, Schauflüge, *das deutsche Volk muss ein Volk von Fliegern werden!* und wieder sprach Lisbeth von ihrer Schuld. Sie nahm sich so viele Arten von Schuld, ob es nun gegen das Kind war oder gegen die weitergehetzten Semigs oder nun an seiner Arbeit für eine militärische Anlage. Aber am selben Abend wollte sie auf den Festball im Schützenhaus. Sie war ausgelassen, alle erkannten in ihr uns' Lisbeth, mit der war lustig tanzen, die lebte gut mit dem Mann, sieh doch, wie sie sich hält in seinem Arm. Als sie nach Hause kamen, bat sie ihn in ihr Bett. So übersah er nur eines. Sie hatte nach Lübeck mitkommen wollen auf eine Beerdigung, auf der hätte sie keinen Menschen gekannt. Sie hatte vom Oktober gesprochen als einer schlechten Zeit zum Sterben.

Nicht einen Augenblick hätte er sie allein lassen dürfen und unternahm eine Reise nach dem Anschlag auf einen Angestellten der deutschen Botschaft in Paris. In Malchow konnte er schon stolz sein auf sie in aller Sorge und sagen zu Gesine Zabel: Se is ne gode Fru. Der jüdische Junge mit seinem verzweifelten Schuss auf einen der Nazis, die seine Eltern deportiert hatten, er kam wie gerufen für Goebbels, den Reichsminister für Volksaufklärung und Propaganda, dem musste dringend etwas einfallen zu der Nacht der langen Messer vor vier Jahren. *Die Nacht und der Tag der langen Finger.* Goebbels schickte verkleidete S.A. und befreundetes Gesindel zu den Synagogen, den Geschäften und Wohnungen von Juden, liess Feuer legen, plündern, demolieren, prügeln. Denn er wollte sich einen weissen Fuss machen bei seinem Führer, der war böse gewesen über Heiratspläne mit einer Schauspielerin, die war anderen denn artverwandten Blutes. 91 Tote, zwanzigtausend Verhaftete, 177 zerstörte oder beschädigte Gotteshäuser, also dass der Führer ihm verzieh und die Stange hielt gegen seine anderen Minister, die waren sauer wegen des Sachschadens von vielen hundert Millionen Mark, wegen der Schlagzeilen in der New York Times, *Nazi Day of Terror a Threat to all Civilization,* allein für drei Millionen Reichsmark Devisen musste belgisches Fensterglas eingeführt werden, daran verdiente der Handel noch einmal drei Millionen. »Bekanntlich schreibt der Vierjahresplan grösste Sparsamkeit vor.« Die U.S.A. zogen ihren Botschafter zurück aus Berlin, wegen der Verordnung zur Ausschaltung von Juden aus dem deutschen Wirtschaftsleben, die verlangten Ausnahmen für Juden mit ihrer Staatsangehörigkeit. Und Lisbeth sieht in Gneez die Synagoge brennen, in Jerichow ist sie dabei, als die Frau des jüdischen Kleiderhändlers Tannebaum ihre achtjährige Marie erschossen aus dem Haus trägt, dann läuft sie in Cresspahls Werkstatt und legt Feuer und bindet sich fest in der alten Futterkammer der Scheune, damit es ihr diesmal gelingt und sie tot wird.

Die Niebuhrs aus Wendisch Burg und die Niebuhrs aus Berlin brachten mich am Montagmorgen zu der Beerdigung, bei der Brüshaver Lisbeth alles gab, was Cresspahl für sie bestellt hatte: Votum, Lektion, Gebet, Vaterunser, Einsegnung, Segen, drei Handlungen mehr als die Mecklenburgische Landeskirche für Selbstmörder erlaubte, auch das Grosse Läuten bekam sie und das Abendläuten für sie allein. Durch seine Predigt am Sonntag hatte Brüshaver es obendrein verdorben mit der weltlichen Obrigkeit, die holten ihn am Dienstag vier Stunden vor Morgen. Am Freitagmorgen war der Schutt abgefahren vom Hof, pflügten zwei von Zelcksche Gespanne die Grundfläche der Scheune um zu einem Acker. Am Morgen des Sonnabend war Cresspahl aus Jerichow weggegangen mit dem Kind. Weiss nicht wo wir gewesen sind, denn ich hab ihm bloss den Pass der Republik gestohlen, der mit dem Hakenkreuz ist verschwunden. Was er wohl für Mühe hatte mit meinem Hahnenkamm. *Das deutsche Mädchen trägt wieder Zöpfe.* Dänemark, vielleicht. Eine Fähre träume ich oft, wir mögen auch noch von Esbjerg nach Harwich gefahren sein. In Dänemark hatte er einen Auftrag von der lübecker illegalen S.P.D., deswegen musste er mich lange lassen bei Leuten, die vermochten ihre Freundlichkeiten zu übersetzen, ausser in meine Sprache. Mange, mange tak. In England wird er auch Elizabeth Trowbridge gesucht haben, ihr das Kind zu zeigen, sein Kind zu sehen, von ihr Abschied zu nehmen für alle Zeit. Wenn er sie gefunden hat, ich müsste es wissen. In England wäre unseres Bleibens gewesen. Nach den ersten »grossdeutschen Weihnachten« brachte er die Tochter zu den Paepckes, da ging sie nachts auf den Boden zu den Körben und weinte über die Trennung von ihm. Aber sie wollte gern eins von Hildes Kindern werden, solange sie ein Recht hatte auf den Vater. Im Januar 1939 wurde der Reichsbankpräsident aus dem Amt gesetzt, dem war die Finanzpolitik für die Rüstung unheimlich geworden. *Der Führer hat immer recht.* Das Reich sollte seine Schulden, nunmehr 47% des inländischen Geldvermögens, aus der Kriegsbeute bezahlen, warte warte nur ein Weilchen. Im Februar sah Gesine Cresspahl in der Berliner Illustrierten eine Werbung für Coca-Cola, in der Schriftform patentiert wie heute, und sie erinnerte sich jenes Nachmittags auf dem Schüsselbuden in Lübeck, da die Mutter ihr von diesem Getränk gegen den Hunger gespendet hatte. Mehr und mehr gelang es ihr, die Mutter von allen Seiten einzuschliessen, sie unsichtbar zu machen in einem Gedanken: sie hat mich verraten. Eine Feier zu ihrem Geburtstag, auch Geschenke lehnte sie ab, die Mutter zu strafen, die sie geboren hatte. Wenn bei den Paepckes ein Kind seine Eigenheiten hatte, wurden sie geachtet, dann war eben der Tag des Frühlingsanfangs als ein Fest zu begehen. Im März ziehen die aufständischen Truppen unter Franco in Madrid ein; *no pasarán!* Im März besetzen die deutschen Truppen die Tschechoslowakei. In Prag hat es geschneit. Die Tschechen werden noch einmal gewinnen, am 11. Januar 1940, beim Eishockey, 5:1. Die Briten und Franzosen weisen die Deutschen zart hin auf Untreue beim Vertrag und versprechen militärischen Beistand für Polen, Rumänien, Griechenland, die Türkei, auch erklären die Briten die allgemeine Wehrpflicht zum Gesetz. Den Handel der Westmächte mit Stalin lässt der dahintrödeln, der will die Überantwortung des Cordon sanitaire. Hitler hat sich Stalins Rede zum XVIII. Parteitag übersetzen lassen, er ist gern bereit, im August machen sie Vertrag, die Hakenkreuzfahne weht auf dem Flughafen Moskau, die Kapelle der Roten Armee schmettert das Lied von Horst Wessel, wir kriegen also Finnland, Estland, Lettland, Litauen, und wenn mal mit Polen was passiert, bloss so für alle Fälle versteht sich, kriegt ihr alles westlich der Flüsse Narew, Weichsel und San, oder, noch besser, ihr nehmt Polen von der Linie Narew, Bug, San. Das, und die Sache mit Bessarabien, ist geheim, und das Kind bekommt den Namen, dass wir uns vertragen wollen. *Ich weiss, wie sehr das deutsche Volk seinen Führer liebt, ich möchte deshalb auf seine Gesundheit trinken.* Dann wurde weiterhin auf das Geschäft getrunken. Im August waren wir auf dem Fischland, dahin brachte Cresspahl am 26. die Nachricht von der Einführung der Lebensmittelkarten, das nahmen er wie Paepcke für die Ankündigung des Krieges. Eine Woche nach der letzten Unterschrift in Moskau hat Hitler einen »polnischen« Überfall auf den Reichssender Gleiwitz durchziehen lassen, wenige Stunden nach der Billigung des Paktes durch den Obersten Sowjet erklärt Hitler den Überfall auf Polen, *seit fünf Uhr fünfundvierzig wird zurückgeschossen.* England und Frankreich betrachten sich als im Krieg befindlich am 3. September, die Engländer fliegen einen Bombenangriff auf Wilhelmshaven, die Franzosen schikken Spähtrupps in den Pfälzer Wald oder laden ein zu Artillerie-Duellen zwischen Maginot-Linie und Westwall, das zieht keine deutschen Kräfte ab von der Polenfront, Cresspahl ist bannig fuchtich auf die Engländer. Denn die britische Abwehr ist auf ihn zugekommen mit den zehn deutschen Zuchthausjahren wegen seines Guthabens bei der Surrey Bank of Richmond, er hatte aber längst auf sie gewartet und wollte ihnen aus freien, heimlichen Stücken melden, was ein Werfthandwerker auf dem Fliegerhorst

Mariengabe sah und hörte an Dienstbetrieb und Dienstgespräch, warum fingen die nun so wenig damit an! Am 27. September kapituliert Warschau, seit dem 17. September marschiert die Rote Armee ein in ihren Anteil Polens, die Einwohner von Brest-Litowsk halten die sowjetischen Panzer in ihren Strassen noch für Hilfe gegen die Nazis, dann sind da Mützen mit Hakenkreuz neben Mützen mit fünfzackigem Stern gebeugt über die Karte mit dem dicken Strich von Litauen bis tief unten zur tschechoslowakischen Grenze, der ist heilig, der grosse Stalin mit eigener Hand hat den Blaustift geführt, der nimmt Ortschaften auseinander und noch Wohnstätten. Katyn, oder nicht Katyn, das ist die Frage. *Njemjezkaja demarkazjonnaja linija. Realnost naschej programmy – eto žiwii ljudi, eto my s wami.* Die Herren sind sich einig, »dem polnischen Volk bei der Wiederherstellung seiner politischen Existenz zu helfen«, an Hitler verliert die Nation viereinhalb Millionen Menschen, Stalin deportiert an die anderthalb Millionen geschenkter Polen nach Zentralasien und Sibirien. Bei dem abschliessenden Festessen benutzt man einen grünen Stift. Der Krieg an der Westfront darf vorläufig geführt werden mit Flugblättern, Zeitungen, Lautsprechern, drôle de guerre, er muss noch warten auf die sowjetischen Waggons mit Futtergetreide, Mangan, Chrom, Naturkautschuk, Zinn, Holz, Baumwolle, Ölkuchen, Phosphaten, Platin, Rohrauchwaren, Mineralöl, alles so gut wie Gold für eine von den Briten zur See blockierte Kriegswirtschaft. Stalin tadelt die Westmächte für ihre Unvernunft gegenüber Hitlers Friedensangebot und gibt es dem Freunde schriftlich als Pravda, als Wahrheit. *Die Verantwortung für den Krieg fällt vollständig auf Grossbritannien und Frankreich zurück.* Finnland verkennt anfangs in den Wünschen der Sowjetunion die historische Weisheit, der die anderen baltischen Staaten sich gleich ergaben, am selben 30. November geht die Rote Armee mit dreissig

Divisionen gegen den unbotmässigen Nachbarn vor, Luftangriffe auf Helsinki, von der See her schiesst die Baltische Flotte. Eher lässt die Sowjetunion sich ausschliessen aus dem Völkerbund, als dass sie nachliesse in ihren »bescheidenen Wünschen«; am 12. März sieht Finnland es denn ein, was für Verlass ist auf deutsche Treue, und entbietet der Sowjetunion das Gewünschte. Inzwischen ist Stalin sechzig geworden, da wird man doch telegrafieren unter Genossen, der Jubilar antwortet in höflichem Ton. *Die Freundschaft zwischen den Völkern Deutschlands und der Sowjetunion, mit Blut geschmiedet, hat alle Aussicht, anhaltend und fest zu sein.* Im Jahr 1939 wurden die Deutschen noch einmal gezählt, 86 Millionen, da rechnete Cresspahls Tochter schon mit und war befreundet mit Stalin und seinen Völkern. In Cresspahls Haus kochte Alwin Paap, das wollte sie aushalten, durfte sie dafür beim Vater bleiben. Aber ein Fest war es, wenn Inge Schlegel über Nacht blieb. Es war kalt in dem Haus, das Feuerholz reichte gerade eben für den Herd, die Wälder des Winkels hatte der Adel abgefressen in Jahrhunderten, jetzt nahmen die Städte Korn an und Rüben und Kartoffeln, aber Kohlen schickten sie zu wenig, bloss die Kinos wurden voll beliefert. Reichskleiderkarte. Die Mäntel gab es frei, wo waren Mäntel? Im Februar 1940 ein neues Wirtschaftsabkommen mit der Sowjetunion, und überhaupt wird sie nicht den anglofranzösischen Imperialisten sich hergeben als Werkzeug in ihrem »antideutschen Kampf um die Weltherrschaft«. Solch zuverlässigem Freunde wird man rechtzeitig Bescheid stossen, was im Frühjahr anliegt für Dänemark und Norwegen, man braucht ja seine Stützpunkte im hohen Norden und die Lotsendienste der Roten Flotte durch die eisfreie Zone, gottlob hat er »volles Verständnis«. *Wir wünschen Deutschland vollen Erfolg bei diesen Defensivmassnahmen.*

Weserübung, Dänemark besetzt, Norwegen erobert, im Mai die Metallsammlung des deutschen Volkes, die Petrikirche wird ihre Glocken los. Jetzt reicht es für den Angriff von der Nordsee bis zur luxemburgisch-französischen Grenze, die Festung Holland wird Westmark, Belgien kapituliert vierzehn Tage später, *ne passeront pas, on ne passe pas, siegreich wolln wir Frankreich schlagen*, am 18. Juni wird jener überjährige Salonwagen im Wald von Compiègne noch einmal benutzt. Dahin blickt die Welt, inzwischen marschieren die Sowjets ein in Estland, in Lettland, in Litauen, und wenn sie sich bei Mariampol einen Grenzstreifen genommen haben über den Vertrag hinaus, bieten sie ihren deutschen Partnern siebeneinhalb Millionen Golddollar als Entschädigung, das war mal der Preis für Alaska. Aber als die Rote Armee einfällt in Rumänien, bangt Hitler doch um das Öl aus den Feldern von Ploesti, das braucht er für den Feldzug gegen England, die Engländer werden sich länger wehren mit ihrem Churchill. *I have nothing to offer but blood, toil, tears and sweat.* »Seelöwe«, die Landung zwischen Folkestone und Worthing scheitert bei dem Versuch, übers Wasser zu wandeln; »Adlertag« soll sich entpuppen als genierlicher Taufnahme für den verstärkten Luftkrieg gegen England. Am 13. August 1940 greift das Kampfgeschwader 2 aus fünfhundert Meter Höhe den Flugplatz Eastchurch an mit so hundert Do 17, jede von denen kann bis zu tausend Kilo Bomben laden. Was mögen die Deutschen bloss haben mit jener Isle of Sheppey, am 15. August kommen sie noch einmal mit dem Kampfgeschwader 3, ob die Insel wohl übrig ist? *Denn wir fahren, denn wir fahren, denn wir fahren gegen En-gel-land!* Ungepanzert, schwach in der Reichweite, von kurzluftigen Jägern mässig geschützt, werden bis Ende Oktober 1733 deutsche Flugzeuge abgeschossen. Es geht über ihren Verstand, dass die Radarstationen und Befehlszentralen harmlos auf der Erde stehen, die treffen sie eher zufällig am Rand von Flugplätzen. Aber das Feuerschiff von Varne, das versenken sie. Und wenn sie etwas treffen sollen in Croydon, wo Lisbeth gelandet ist 1931, erwischen sie eine Seifenfabrik, tagelang soll es süss geduftet haben in Croydon. Die Jagdabwehr sollen sie hinmachen, diesen Jägern liegt wenig am Kampf an sich, obwohl sie wendiger sind, *beware of the Hun in the sun*, die nehmen sich lieber deutsche Bomber vor. Aber es stand auf der Kippe, und die Briten wissen sich erst gerettet, als Hitler versucht, es mit der Masse zu schaffen, ihre Städte und Industrie einfach ausradieren will. Coventrieren heisst das, zur Erinnerung an die Abschlachtung politischer Gegner in der Französischen Revolution, das Septembrisieren, das Flächenbombardement von Coventry in der Nacht vom 14. zum 15. November bringt am nächsten Tag 127 Flugzeuge der R.A.F. über Hamburg, Meier heisst Göring längst. Was immer er da kaputthaut an Städten, Fabriken, Häfen, die englische Flugzeugproduktion nimmt zu, immer mehr Maschinen aus den U.S.A. kommen an, er muss mehr als die Hälfte der eigenen zum Osten abziehen. Hitler kann auf die Briten einschlagen wie er will, die Bitte um Gnade verweigern sie. Im Sommer 41 muss er die Luftschlacht aufgeben. *Wir brauchen nicht zu wissen was der Führer will – wir glauben an ihn.* Es ist die erste Niederlage für Deutschland, 2265 Maschinen verloren, 3363 Tote, 2641 Gefangene und Vermisste. In diesem Jahr sagte Cresspahl kein einziges Mal, die Engländer seien durch und durch verludert.

Er erzog das Kind zur Verschwiegenheit, die würde über seine Besucher bei Tag oder Nacht nur aussagen, was er ihr eingeschärft hatte, aber er gab ihr Sachen zu lesen wie »Stukas« oder »Mölders und seine Männer«; allzu leicht wollte er nicht hochgehen. Das Cresspahlsche Kind wird sich in der Schule so luftwaffenverrückt gebärdet haben wie die anderen auch und lief nach den Sondermeldungen, die die Nazis in ihre Tasche logen, obwohl sie doch ein Foto gesehen hatte von der Schallplatte, die die Siegesfanfare beliebig wiederholen konnte. Mein Vater hat es versucht, eine Frau für mich ins Haus zu holen: Käthe Klupsch, die sich für begabt hielt im Heiratsschwindel; Oma Klug, die sich ein Altenteil wünschte und gleich starb; Frieda Dade, die aber doch geheiratet wurde; Grete Selenbinder, die gehen musste wegen allzu dümmlicher Herrschsucht. Danach erzog er mich selber. Das warme Essen bekam ich nach der Schule im Luftwaffenkasino; Amalie Creutz war manchmal da zum Saubermachen. Nachts, durch die offene Tür meines Zimmers, sah ich ihn manchmal in Schulheften lesen und war besorgt, er möge bekümmert sein über meine Fehler; es waren aber die Hefte von Lisbeth. Er wird da viel verloren haben von ihrem Andenken; ihr Stolz war Feigheit gewesen, ihre Wahrhaftigkeit eine Geste der Eitelkeit. Inzwischen war auch eine Kondolation angekommen von einem Kapitän zur See Herbert Wehmke, »ehemals Fähnrich zur See«. *Mannslüd verswiegen frömd' Heimlichkeiten, Frugenslüd ehr eigen.* Cresspahl hatte Lisbeth von sich gegeben, was immer da war, sie ihm von sich nur was ihm gefallen sollte. Wissentlich war sie abgerutscht in ihren Wahnsinn, da sie ihn hätte zurückschneiden können mit dem Ausräumen der allerersten Lüge, der allerfrühesten Einbildung wider ihren Gott. Die christliche Vergiftung nämlich stellte er obenan, und obwohl er Aggie Brüshaver behilflich war bei ihrem Umzug nach Rostock, von Louise Papenbrock hielt er mich fern. Wenn sein Kind trauerte um die Mutter, so war er ihm behilflich, er nahm Lisbeths Namen vor mir nicht in den Mund.

Stalin hatte Wahrheit gesprochen auf dem XVIII. Parteitag, Liquidationen in Massen würden vorerst ausbleiben, einen Einzelnen liess er totschlagen am 20. August 1940 in Mexico: Trotzki. Vom Mörder heisst es, er lebe da, wohin ich reise. Den Deutschen hatte Stalin im Juni noch einmal sagen lassen, die gegenseitigen Beziehungen beruhten auf »fundamentalen Staatsinteressen«, aber während am Ersten Mai deutsche Luftwaffenpiloten dem sowjetischen Volk ihre Kunststücke beim Fliegen zeigten, marschierten unter ihnen auf dem Roten Platz eine Million Soldaten, allesamt mit frischem Haarschnitt. Er hatte Hitler lediglich gekränkt im Vertrag mit der litauischen Sache und mit der nördlichen Bukowina; jetzt kränkte der ihn mit einem deutsch-finnischen Transitabkommen und Waffenlieferungen an den widerspenstigen Nachbarn, der wollte die Hand legen auf das Nickel von Petsamo, im Oktober ging der nach Rumänien und ketschte das Öl. Wenn jetzt die Achsenmächte ihn einluden in den Dreimächtevertrag, so war das ein Handel, da durfte auch er seine Bedingungen vortragen, bescheiden genug: der Türkei und Bulgarien militärische Stützpunkte abzuzwingen, die Gebiete südlich von Baku und Batum zu übernehmen, den Japanern die sachalinschen Kohlekonzessionen zu entziehen. So mässige Begehren werden einem verweigert. *Deutsch-sowjetische Kooperation.* Der darf in Griechenland und Jugoslawien und in Afrika anstellen was er will, wir liefern ihm dazu die Erze und das Erdöl. *Die Strategie ist zur Chirurgie geworden. Ein feindliches Land wird »geöffnet«, nachdem es betäubt worden ist, dann wird tamponiert, desinfiziert, genäht usw., alles mit der Ruhe.* Machen wir also im April 1941 einen Nichtangriffspakt mit Japan, *my oba aziaty,* vielleicht wird das den Partner besänftigen. Die belgischen, norwegischen, jugoslawischen Botschaften in Moskau haben wir doch auch geschlossen. Gehen wir hin und streiten gemeinsam ab vor aller Welt, dass wir Streit hätten! Nun sagt uns doch endlich, was ihr von uns wollt; wir lassen doch über alles mit uns reden!

Am 22. Juni überschreiten drei deutsche Heeresgruppen die sowjetische Grenze von der Ostsee bis zu den Karpaten, an den Grenzbahnhöfen stehen die sowjetischen Waggons zum Umladen bereit, die deutschen Bomberpiloten sehen unter sich die Züge hinlaufen ins verbündete Heimatland. *A nam goworili, Gitler nasch drug.* Willkommenspforten aus Birkenreisern in der Ukraine, Brot und Salz für die Deutschen, bis die Kolchosen doch Kolchosen bleiben müssen, bei erhöhtem Soll, und die Einsatzgruppen kommen. Kommissarbefehl, jetzt weiss ich es, der Sommer von damals bleibt ein Gewölbe aus rauschender Helle. Stalin will jetzt mit den Briten zusammengehen, auch bei einem Frieden. *Genossen! Bürger und Bürgerinnen! Brüder und Schwestern. Kämpfer unserer Armee und Flotte! An euch wende ich mich, meine Freunde!* Mehr als zwei Millionen Gefangene haben die Deutschen gemacht, als Stalin ausweicht nach Kuibishev und über Moskau den Belagerungszustand verhängt, *Moskva ljubimaja.* Luftangriffe auf Moskau. *Grashdanje! Woschduschnaja! Trewoga!* Vor Moskau bleiben die Deutschen stecken, dem Heer fehlt ein Wechsel Winterkleidung, mehr Ausfälle durch Erfrierungen als durch Gefechtsverluste, die Motoren und die automatischen Waffen versagen. *Tod den deutschen Okkupanten!* Auch in Afrika ging es ihnen schlecht im Dezember, *unseren heldenhaft kämpfenden Truppen*, Helden, das klang nach Tod und Nachruf bei lebendigem Leibe. Bei den U.S.A. macht Hitler eine Ausnahme mit einer Erklärung von Krieg und sich beliebt bei Roosevelt, indem er ihn geisteskrank nennt und mit seinem jüdischen Anhang den »Hauptschuldigen an diesem Kriege«. Allerdings die Japaner lassen ihn hängen, ihre Verbindungen mit der Sowjetunion bleiben diplomatisch, jetzt kann Stalin sibirische Truppen an die moskauer Front werfen. *Napoleon hat vor Moskau bei 25 Grad gekämpft, der deutsche Soldat kämpft bei 52 Grad!* Hitlers Marschälle raten ihm zum Rückzug, er selbst übernimmt den Oberbefehl, bis zum Frühjahr hält die Front, aber auf Vorstösse kann er lange warten, hier nix Blitzkrieg. Die napoleonische Parallele ist vertagt, *tak bylo – tak budjet*. Am 28. März 1942 greifen 230 Bomber der R.A.F. Lübeck an. Die deutsche Luftwaffe rächt sich für die britische Unverschämtheit gegen deutsche Kulturgüter mit Bomben auf solche Städte wie Exeter, Bath, Norwich und York; aber statt in die Knie zu gehen, finden die Briten alsbald einen gebildeten Namen dafür: Baedeker-Angriffe. 1942, ein Maikäferjahr war das. Die Paepckes nahmen Cresspahls Tochter für die Sommerferien nach Althagen. Avenarius Kollmorgen gab es auf, zu leben. Arthur Semig hatte es nun zum Schlachtergehilfen in Cannes gebracht. Den Stern *Pour le Sémite* brauchte er nicht zu tragen. Am 21. August können die Deutschen auf dem Elbrus die Reichskriegsflagge hissen, Alpinisten mal herhören, das Ölgebiet von Maikop haben sie auch, aber das Ölgebiet von Grosny und die Kaukasuspässe sind in sowjetischer Hand geblieben, der Weg nach der iranischen Grenze ist weiterhin versperrt, da wie in Murmansk und Wladiwostok können die U.S.A. weiter liefern, Flugzeuge, Lastwagen, Jeeps, medizinischen Bedarf, Nahrungsmittel, Uniformen. Im November ist die 6. Armee eingeschlossen in Stalingrad. *Mit dem Namen Stalin haben wir gesiegt, mit dem Namen Stalin werden wir siegen.* Jetzt landen die Amerikaner an der nordwestafrikanischen Küste, nun hat Hitler die zwei Fronten, die er den Generälen des vorigen Krieges als Fehler vorrechnete, *der böhmische Gefreite*. In Jerichow war es kalt. Der Milchholerzug ging nur noch mit zwei Wagen nach Gneez, da waren die Sitzbänke ausgebaut, die Arbeiter fuhren stehend zu den Aradowerken. Wenn es Butter gab, hatte sie oft dunkle Streifen und schmeckte nach Fisch, so ölig. *Wie muss die deutsche Weihnachtsgans sein? Fett wie Göring, schnatternd wie Goebbels und gerupft wie das deutsche Volk.* Gesine Cresspahl dachte hin und her in ihrem Kopf, warum wohl Hauptlehrer Stoffregen mal rührselig mal jähzornig mit ihr umsprang; vielleicht hatte er mehr Gefallen an Mädchen mit dunklen Haaren wie den ihren, es sollten doch aber die deutschen Mädchen blond sein, sonnig, wegen des amerikanischen Schlagers von einem sonny boy. Cresspahl hatte den Engländern endlich herausgefunden, was das »Geweih« war auf dem zum Nachtjäger umgebauten Zerstörer Me 110, nämlich die Antenne des Bordsuchgerätes Lichtenstein SN 2, und die Engländer hatten durch das Radio gesprochen mit ihm. Der Reichsluftfahrtmarschall Meier hatte auch bei Stalingrad das Maul zu voll genommen, nur die Leichenrede konnte er den da Eingeschlossenen halten über den Grossdeutschen Rundfunk, da lebten noch welche; am 1. Februar 1943 kapituliert der deutsche Südkessel von Stalingrad, am 2. der im Norden. *Wo der deutsche Soldat einmal steht, da steht er.* Vier Tage Nationaltrauer. Im Mai streckt die deutsch-italienische »Heeresgruppe Afrika« die Waffen, im Juli landen die Alliierten auf Sizilien. *Es gibt keinen jüdischen Wohnbezirk in Warschau mehr!* Die Arbeiter des Aradowerkes hatten die Wagen zurückbekommen, die sie brauchten, mit Bänken darin. *Wollt ihr den totalen Krieg?*

Im Sommer 1943 schickte Cresspahl sein Kind für eine Woche nach Alt Gaarz, das jetzt Rerik hiess, zu den jüngeren Niebuhrs, denen hatte er da Ferienquartier besorgt. Martha hatte ihrem Peter versehentlich gesagt, aus welchem Bett sie kam, als sie ihn heiratete vor zehn Jahren, und dass sie ein Verhältnis unterhalten hatte mit dem anderen Mann all die Zeit; Peter verstand daran schlecht die Dauer der Lüge und lief ihr nach wo sie ging und stand. Sie weinte wie ein Kind, und er trug noch im Haus, bei Lampenlicht eine dunkle Brille. Die beiden kamen um bei dem Angriff auf die Flakartillerieschule Rerik, so kriegten die älteren Niebuhrs doch noch Kinder, den Säugling Günter und den zehnjährigen Klaus. Sonst wären die wohl erwischt worden von den immer härteren Bombenangriffen auf Berlin nach dem November. *Grossdeutsche Kriegsweihnacht 1943: Die Engländer setzen die Christbäume, die Flak liefert die Kugeln, Goebbels erzählt uns Märchen, und wir warten im Keller auf die Bescherung.* Hauptlehrer Stoffregen tippt auf dem Klavier die ersten vier Töne der 5. Symphonie an, wer von euch kennt das; Cresspahls Tochter kennt das Signal der British Broadcasting von einem Schallplattenkonzert bei den Paepckes, hebt den Finger. Haussuchung. Seitdem fuhr sie zum Gustav Adolf-Lyzeum nach Gneez und war in der fünften Klasse. Das hatte Dr. Julius Kliefoth gerichtet, Träger hoher und höchster Auszeichnungen, Oberstudienrat und nun Oberstleutnant a.D. Der war ein Freund von Cresspahl geworden, mit Sie und Nachnamen als Anrede. Cresspahls Tochter liess sich wohl einmal ein Kleid heilnähen von Leslie Danzmann, aber sie hatte eine jämmerliche Angst, dass die ihr den Vater wegheiraten wollte. Er ging so oft in die Villa, in der sie Hausdame war, einen Menschen aus dem Luftwaffenforschungsamt besuchen. Auflösung der Kommunistischen Internationale, richtig von a) bis d), und die wissenschaftliche Ausrottung der Religion, das war bloss ein Missverständnis. Im Sommer 1943 versucht Hitler es noch einmal, in den Schlachten von Kursk, Orel und Charkov, aber in diesem Juli hatte Stalin einmal aufgepasst, im September waren die Deutschen auf der ganzen mittleren und südlichen Front zurückgedrückt. *Nasche djelo pravo. Wrag budjet razbit. Pobjeda budjet za nami.* Charkov ist geräumt, Stalino ist verloren, Smolensk ist hin, der Kubanbrückenkopf wird aufgegeben, die Krim ist abgeschnitten, Kiew fällt. Das macht die Sowjetunion ganz allein, die Amerikaner liefern einstweilen weniger Nachschub über Murmansk, und die Invasion, die zweite alliierte Front ist nochmals um ein Jahr verschoben. Zwar hätte Stalin einem entlastenden Angriff seiner Verbündeten im Süden seines Territoriums eher abgewinkt, denn mit dem Balkan hatte er seine eigenen Pläne, die historisch-materialistische Zukunft, die unausweichliche eben. Am 6. November 1943 verleiht das Präsidium des Obersten Sowjet dem Marschall Stalin den Suworov-Orden Erster Klasse. Im Oktober hat Italien den Krieg an Deutschland erklärt. *Wir sind tapfre Ital-ieener!* Ende November treffen Roosevelt und Churchill sich mit Stalin, in Teheran, die bereden da eine Grenze durch Deutschland. Und Stalin küsst das britische Schwert. Karl August Grabs aus Grabow, 64 Jahre alt, Viehhändler, sagte Ende 1943 vor Zeugen, nun sei der Krieg verloren. Dafür bekam er von Amts wegen den Kopf abgehackt. *Wenn das der Führer wüsste.* Cresspahls Tochter hatte im Kopf noch einen anderen Stundenplan als den der Schule: Wenn Schlachter Klein am Montag zu hat, Papenbrocks Bäckerladen am Mittwoch schliesst, Senkpiels Milchladen täglich nur eine Stunde öffnet, muss sie sich bei dem um halb vier spätestens anstellen, und da ist es günstiger gleich auf dem Weg vom Bahnhof. *Es gibt demnächst mehr Butter, die Führerbilder werden entrahmt.* Wenn es Fleisch gab, sie mochte es nicht zu kochen oder braten verstehen, aber das Tauschen lernte sie. 50 Gramm Fleisch, das war eine Zigarette. Für ein Kilo gab es 180 bis zu 200 Mark, aber wer wollte denn Geld. Wenn Johnny Schlegel der ausgehandelten Lieferung Kartoffeln eine Gans »beilegte«, so brachte der Vogel drei Flaschen Cognac (französisch), Cresspahl brauchte Schnaps nun seltener, aber für Cognac (echte vier Sterne) besorgten die drei französischen Kriegsgefangenen in seinem Haus seiner Tochter alle grobe Arbeit, mit einer Flasche Cognac liess deren Wachsoldat sich gern zu Papenbrocks Edith schikken, so war das Haus für einen Abend sauber. Die Sperrung der Reichskleiderkarte traf nur die Erwachsenen,

Kinder durften auf Karten kaufen. Schlimmer war es, als die Süsswaren vom Markt verschwanden; sie hatte sich eine Zeit lang geholfen mit Zusammenrühren von Zucker und Haferflocken in der Bratpfanne, die war nun hinüber. Bratpfannen standen bei Wollenberg am Markt im Schaufenster, aber mit dem Schild FL, nur Fliegergeschädigte durften die erwerben, und griffen zu, bloss um noch mal etwas zu haben. Nach dem Wochenangriff von Hamburg waren die in hellen Haufen durch den Winkel gezogen, geblieben waren wenige, denn die Evakuierten des lübecker Angriffs hatten zuviel Wohnraum besetzt, und bei Jerichow war zu nahe ein Flugplatz. Cresspahl bekam einen Teil seines Lohns von der Luftwaffe in Kohlen, aber den Creutzens war er für das Gemüse aus ihrem Treibhaus einen Anteil schuldig, oft war es kalt im Haus. *Mach die Tür zu, oder bist du Kohlenklau?*

1944, das Nötigste weiss ich nun, und es fehlt mir. Die Erwachsenen haben unterbunden, dass die Kinder dabei gewesen wären. Elf Jahre war ich alt, so wie Marie, die verträgt doch zu merken wo sie ist bei wem, es bekommt ihr obendrein. Doch tut es das. Die Paepckes verbrachten ihre letzten Ferien auf dem Fischland, ich war eingeladen. Mitspielen in der Ernte, Schwimmen in der See, Blaubeeren suchen im Darss, das sollten wir haben; das Konzentrationslager Barth auf der anderen Seite des Boddens, es sollte uns erspart bleiben, so habe ich es verloren. Ich hätte den genaueren Blick bekommen auf die Goldfasanen im Kurhaus, ich hätte mich sorgfältiger gefreut, als es zu Ende ging mit ihnen. Was liess Hilde sich denn verschweigen von ihrem Mann; wenn sie zusah bei der Deportation der stettiner Juden, musste er ihr zugeben, dass die in Lagern vernichtet wurden. Den Kindern verschwiegen sie es, so dass ich heute ausserstande bin, mich zu verhalten zu einer Zahl von sechs Millionen Menschen wie sie von mir verlangen. Es kam dann alles zu spät, nie wird die Erinnerung die gleiche Zeit gewinnen. *Es geht alles vorüber, es geht alles vorbei: zwei Jahre in Russland, und nix ponimaij.* Im Januar erreicht die Rote Armee die sowjetisch-polnische Vorkriegsgrenze, im März drängt sie die Deutschen an den Bug zurück, erzwingt den Übergang über den Dnjestr, marschiert in Galizien ein, erobert die Südukraine, nimmt die Krim zurück, *eine Insel im Laufschritt verloren – das ist die Krim*, macht im Juni die Offensive in Karelien, im Juli die in Südpolen, gewinnt die Kesselschlacht von Kischinew, besetzt ohne Kampf Rumänien und die Walachei, erreicht im September die jugoslawische Grenze, betritt nebenbei Ostpreussen, marschiert fast ohne Widerstand vor in Ungarn und steht im Dezember an der Donau bei Budapest. *Za Stalina! Za rodinu!* Ihre Hydrierwerke in Ploesti haben die Deutschen unter den Luftangriffen vom April verloren, die von Leuna und Pölitz bei Augustwalde im Mai, wozu basteln die eigentlich noch an der Düsenschwalbe Me 262, dem Düsenblitz Ar 234, dem Raketenkometen Me 163, dem Volksjäger He 162 für die Freiwilligen von der Hitlerjugend. An der See bin ich aufgewachsen, die war zu flach, Seekrieg ist mir entgangen. 1944, das Jahr der Zweiten Front, der Invasion, Churchill hatte als Landeort den Balkan gewünscht, Roosevelt fügt sich der Weisheit des Marschalls Stalin und setzt die Normandie durch. Dafür nennt der das Unternehmen denn gut und gerne gewaltig, grossartig, meisterlich, und das freiwillig in der Pravda. Das war der Landekopf, der wuchs und wuchs, mit einem Mal war das die Westfront. *Festung Europa.* Die Sache mit der Vergeltung, im vorigen November angekündigt, *an der deutschen Uhrzeit fehlt eine Stunde, die Stunde der Vergeltung*, im gleichen Juni beginnt die V1 nach England zu fliegen, Me für die Messerschmitt A.G. und V für Vergeltung, und obwohl die Flugbomben unbegabt sind im Flug wie in der Zielgenauigkeit, es starben doch in sechs Wochen 7810 Menschen, die Hälfte der Häuser von Croydon wurde kaputt geschmissen, und ein Geschäft war es auch: die Deutschen gaben 150 Millionen Reichsmark aus für das Projekt, die Alliierten verloren den Gegenwert von 570. *Wichtig ist nicht, dass wir leben, wichtig ist, dass die andern tot sind.* Juli 1944, das Bombenattentat auf Hitler, Verdämmungswirkung durch Barackenbau verringert, *ich fasse es als eine Bestätigung des Auftrages der Vorsehung auf*, nach elf Stunden fünfzig Minuten war der Aufstand zu Ende, *eine ganz kleine Clique ehrgeiziger, gewissenloser und zugleich verbrecherischer dummer Offiziere*, mehr als fünftausend Verhaftete von Adenauer bis Schumacher allein bei der zweiten Verhaftungswelle »Gewitteraktion«, *aber der Freisler wird das schon machen. Das ist unser Wyschinski*, einhundertundneunzig Hingerichtete sind namentlich bekannt, die Henker zogen den am Haken Zappelnden die Hosen herunter, davon die Filmaufnahmen liess Hitler sich zur Erholung vorführen. *Die deutsche Sprache lügt nicht! Der Führer, der Unterführer; der Mensch, der Untermensch!* Im August der Aufstand in Warschau, *jeszsze Polska nje zginela, kjedy my zyjemu!* ein Referat lernten wir zu halten über die Gründe, derentwegen die Rote Armee am anderen Ufer der Weichsel stehen bleiben musste und zusehen, wie die Deutschen die Warschauer hinmachten mit Sturmgeschützen, Flammenwerfern, Sturzkampfbombern, Massenexekutionen, ein Referat habe ich vorrätig über die Gründe, derentwegen der Oberste Befehlshaber und Marschall der Sowjetunion wenigstens hätte Flugplätze freigeben können für amerikanischen Entsatz aus der Luft, ehe die Führung des Aufstands mit den Deutschen verhandeln musste um eine Kapitulation. *Eto otschen trudno skasat.* Am 28. August 1944 wird Ernst Thälmann in Buchenwald ermordet. Am 4. August ist Florenz kampflos aufgegeben, die U.S.-Truppen stehen in Rennes, am 10. erreichen sie die Loire, besetzen die Bretagne, am 15. landen die Alliierten an der Riviera, erst jetzt wird Dora Semig verhaftet, am 23. August der Durchstoss nach Grenoble, nu mal los, Bewegungskrieg, am 25. Einzug in Paris, de Gaulle darf ganz vorn gehen, am 1. September ist Verdun erreicht, *we'll hang our washing on the Siegfried line*, am 25. September das Volkssturmaufgebot, *was hat Silber im Haar, Gold im Munde und Blei in den Gliedern?* Am 21. Oktober fällt Aachen, im November haben die Alliierten die Scheldemündung und den Hafen von Antwerpen, einen Hafen, ganz wenig zerstört. Am 16. Dezember die deutsche Ardennenoffensive, aber Görings Adler sind lahm, am 27. Dezember nehmen die Amerikaner Bastogne zurück mitsamt ihrem Treibstofflager, auf das die Deutschen gehofft hatten für ihre Panzer, die bleiben liegen. Und Goebbels fährt durch die zerbombten Städte, »neu aufgeladen« fühlt er sich, *unsere brennenden Städte sind Fanale am Wege zur Vollendung einer besseren Ordnung*. Doch ist mir etwas geblieben vom Krieg zu See, einmal eine Abwechslung nach den Refrains der versenkten Bruttoregistertonnen, der Untergang der »Tirpitz« im November bei Tromsø unter schweren britischen Bombern. »Ist doch so dem Volke die Notwendigkeit der Flotte gezeigt.« Das weiss ich vom Jahr 1944, und doch ist da, anwesend in mir, nur der Sommer in Althagen, die letzte gemeinsame Zeit mit den Paepckes. Sehen kann ich noch den alten Papenbrock, der im Herbst widerspenstige Jungkühe, Starken, in Güterwaggons treibt, Milchvieh war das, Schlachtfleisch sollte es werden für den Endsieg, so dass dieser Grossvater den Tieren immer tückischer in die Fersen hieb und dem elfjährigen Kind die wirksamste Stelle einschärfte. Vorhanden, wirklich in der Erinnerung ist lediglich das Drehkreuz auf dem Fischland, mit dem Alexandra und ich auf der Stelle reisten von Mecklenburg nach Pommern und nach Mecklenburg. Das andere weiss ich bloss.

Was ist schlimmer? Wir gewinnen den Krieg und die Nazis bleiben, oder wir verlieren den Krieg und die Nazis verschwinden? Iss doch klar: Wir verlieren den Krieg und die Nazis bleiben so wie so. Anfang 1945 konnte ein Kind es sehen. Auf dem Fliegerhorst Mariengabe wurde regulärer Dienst betrieben, mit Hissen der Fahne, mit Übungen im Grüssen und Sprung auf marsch marsch, mit Instruktion am Gerät, aber das Gerät war eine lahm geschossene Me 109 und Maschinengewehre, für die keine Munition ausgegeben werden durfte, und die Soldaten waren Freiwillige der Hitlerjugend, Sechzehnjährige mit offenem Hals, des Schlipses noch unwürdig. Landungen selten, Starts keine. Damals desertierte Dietrich Erichson von der Grosskampfbatterie nördlich Berlins, ohne auch nur eine einzige Fliegerabwehrkanone mitzunehmen. Cresspahl hatte sich vor dem Volkssturm gerettet in die Uniform eines Luftwaffenfeldwebels, der besass eine Pracht von einem Soldbuch. In Gneez war es zu sehen. Inzwischen fehlten die Kohlen auch für die Schulen, die Kinder wurden bloss für eine halbe Stunde bestellt zum Empfang der Hausaufgaben. Gedichte zum Auswendiglernen, »Archibald ›Duglass‹«, »John ›Mehnert‹«, *und noch zehn Minuten bis Buffalo, fünf vor zwölf.* Die Reichsbahn hatte den öffentlichen Verkehr auf Personenzüge eingeschränkt, *Räder müssen rollen für den Sieg*, in Gneez kamen Gespensterzüge durch, für Dienstreisende, die hielten, und keiner stieg aus, und im Februar Soldaten in Güterwagen, Richtung Ostfront, die waren zu müde zum Singen, *oh du schöner Westerwald (frische Pferdeäpfel)*, die Lokomotiven mit waldähnlichem Anstrich getarnt. Im März war endlich Hilde unterwegs zu uns, in einem Heereslastwagen weggeschickt von Alexanders Freunden in der Intendantur Stettin, die starb bei Demmin unter dem Bordwaffenbeschuss sowjetischer Tiefflieger und mit ihr Alexandra und Eberhardt und Christine, wir haben das Grab vergebens gesucht. Am 12. Januar, die Ardennenoffensive war zurückgeworfen auf die Ausgangsstellungen, bricht Marschall Konjew aus seinem Brückenkopf in Westgalizien durch die deutschen Linien, am nächsten Tag geht Marschall Schukow nach Warschau, im Norden stossen zwei Armeen vor auf Ostpreussen und die Danziger Bucht, jetzt ist die ganze Front zwischen Ostsee und Karpaten in Bewegung. *Ansturm der Steppe*, Hitlers letzte Rundfunkrede am 30. Januar, tausend Jahre gleich zwölf, *innerasiatische Sturmflut*, einen Tag später erreicht die Rote Armee die Oder bei Frankfurt/O. und Küstrin. *Auf nach Berlin!* Hitler spielt mit dem Modell seiner Wunschstadt Linz, *wie die Welt kein zweites besitzt*. Anfang Februar bestätigen die Alliierten die deutschen Zonengrenzen, die Vereinten Nationen, was mit Polen wird und was Stalin denn so kriegen soll im Pazifik für einen Krieg gegen Japan drei Monate nach dem Ende des europäischen Waffenganges. *In einer Atmosphäre des Vertrauens, der Zusammenarbeit und des gegenseitigen Vorteils.* Am 13. und 14. Februar greifen britische und amerikanische Bomber Dresden an, ob nun mit Wissen oder mit Willen der Sowjets, eto trudno skasatj, bis zu einer Viertelmillion Todesopfer, *gebt mir vier Jahre Zeit, und ihr werdet Deutschland nicht wiedererkennen.* Am 7. März sind die Amerikaner in Köln, dann finden sie Remagen, *we've got a bridge! we've got a bridge!* Ende März sind sie in Frankfurt, sie reisen nach Stuttgart, München, Salzburg, bauen sich eine Linie Karlsbad – Budweis – Linz, sie nehmen Platz in Magdeburg, sie richten sich ein in Leipzig, bei Torgau bleiben sie stehen, da warten die sowjetischen Freunde. Die Briten räumen Holland auf und Westfalen, die Sowjets nehmen Wien, *Wien wird wieder deutsch, Berlin bleibt deutsch und Europa wird niemals russisch.* Der Reichsminister für Volksaufklärung und Propaganda bestellt sich Horoskope, so dass die Zarin Elisabeth noch einmal sterben muss und Franklin Delano Roosevelt mitnehmen; 13. April 1945. Cresspahls Tochter sitzt mit Maurice und Albert auf der Milchbank und lernt französisch singen. Am 16. April setzt die Rote Armee an zu ihrer letzten Offensive, zweieinhalb Millionen Soldaten, 41600 Geschütze, 6250 Panzer, 7560 Flugzeuge schicken sie los gegen Berlin. Hitler spielt mit Modellen von Heeresgruppen, die nicht da sind, der sitzt im Keller. Im April kam Jakob in unser Haus mit seiner Mutter, eine Mutter bekam ich für noch acht Jahre. Siebzehneinviertel war er, eben zwölf war ich. Er war gleich im Haus als hätte er mit uns gelebt von Anfang an. Der machte sich die Stadt wie das Land zu eigen mit Beziehungen wie Naturalien, *Vitamin B, Vitamin N*, bei uns wurde wieder gekocht, und es war was zum Kochen da. Ich merkte nicht gleich, dass ich warten würde auf ihn elf Jahre und ein halbes, erkannt habe ich ihn erst eines Abends im Mai, da kam er in die Küche mit einem Lamm um die Schultern. Wo ich nun zu Hause bin, sagen sie: es war der erste Tag vom Rest meines Lebens; jedes Wort ist wahr. Das Tier lag ihm ganz zutraulich an, er brauchte es nur locker zu halten an den Läufen, und es sah uns aufgeweckt munter an neben Jakobs Kopf.

Im April 1945 bekam Papenbrocks Edith ein Führerpaket, die einen sagten: wegen des Mutterkreuzes, die anderen: weil der letzte Mann, der ihre unterschiedlichen Kinder übernommen hatte, zum Feldwebel befördert war. *Das deutsche Volk hat sich erwiesen als das schwächere, damit gehört die Zukunft ausschliesslich dem stärkeren Ostvolk. Was nach dem Kampf übrig bleibt, sind ohnehin nur die Minderwertigen, denn die Guten sind gefallen.* Am 20. April kommt Hitler noch einmal aus der Erde für Fotografen und Kameraleute, die ihn aufnehmen bei der Abnahme einer kleinen Front Hitlerjungen, die er dekoriert. Ein Kind aus meiner Klasse hat so ausgesehen wie der Junge, den er gerade an die Backe fasst, Gabriel Manfras.

Am nächsten Tag macht Stalin Vertrag mit jenen Polen, die a) nicht Mitglied der londoner Exilregierung sind, b) nicht im Warschauer Aufstand umgekommen sind und c) nicht zu jenen sechzehn Untergrundführern gehören, die nach Moskau eingeladen werden zu ihrem Prozess wegen militärischer Verschwörung mit den Deutschen gegen die mächtige Sowjetunion. Um diese Zeit an einem Sonntag veranstaltet die Hitlerjugend in Gneez eine Blutspendefeier für die Front, nach der Entnahme schliefen die Jungen öffentlich in Zelten auf dem Sportplatz, rosig betäubt. *Wir sind geboren, für Deutschland zu sterben!* Am 23. April glaubt Hitler sich verraten von Göring, am 28. ist er sich dessen sicher von Himmler. Er heiratet noch schnell und fällt heldenhaft kämpfend an der Spitze der deutschen Truppen bei Linz, damit er bequem und heimlich beigesetzt werden kann in seiner Krypta im Glockenturm des sakralen Riesenbaus über dem Donauufer, denn Stalin auf seinem Besuch in Deutschland bestreitet seinen Verbündeten, er habe Hitlers Leiche weder erschossen noch vergiftet noch verbrannt gefunden; der Mensch halte sich verborgen, in Spanien oder Südamerika. Stalin musste das wissen, der war inzwischen befördert zum Generalissimus, versehen mit dem Titel »Held der Sowjetunion«, der Lenin-Medaille, dem zweiten Siegesorden und der Medaille des Goldenen Sterns. *Ein Mensch mit dem Kopf eines Gelehrten, mit dem Antlitz eines Arbeiters, mit dem Gewand eines einfachen Soldaten.* In der Nacht vom 28. zum 29. April heiratet Hitler schnell noch jemanden, vermacht seine Sammlung von Gemälden »meiner Heimatstadt Linz a.d. Donau« und nimmt der Welt sein Leben. *Ich sterbe mit freudigem Herzen angesichts der mir bewussten unermesslichen Taten und Leistungen unserer Soldaten an der Front, unserer Frauen zu Hause, der Leistungen unserer Bauern und Arbeiter und des in der Geschichte einmaligen Einsatzes unserer Jugend, die meinen Namen trägt.* In der

Nacht vom 28. zum 29. April telefoniert Martin Niebuhr ausserdienstlich mit der Roten Armee bei Ewert Ewert, eine Station weiter südlich, denn bei ihm sitzen zwei Pioniere, die wollen aus seiner Schleuse ein tiefes Loch in der Erde machen und das strelitzer Land überfluten, wie geht das denn an, *Deutscher Sieg oder bolschewistisches Chaos*, so konnte Wendisch Burg leise bei Nacht besetzt werden und blieb heil. Am 2. Mai kapituliert Berlin, durch Gneez zieht die 6. Luftlandedivision der Engländer, das XVIII. Luftlandekorps der U.S.A. besetzt Schwerin und Wismar, am Tag darauf ernannte die britische Flughafenkommandantur auf Mariengabe Herrn Heinrich Cresspahl zum Bürgermeister der Stadt Jerichow. Jeden Morgen stand vor unserm Haus ein G.P. mit Fahrer, dem konnte er sagen, wohin es gehen sollte. Weil Fraternisieren verboten war, bin ich nie in meinem Leben in einem Jeep unterwegs gewesen. Auf Manches kamen die Jerichower von allein und schraubten Schilder ab von ihren Ladentüren, *Rein arisches Geschäft, Juden werden hier nicht bedient*, aber Cresspahl musste sie doch per Erlass auffordern, beim Zerhauen der Hitlerbilder das Glas heil zu lassen, und die geisterhafte Schattenfigur mit dem Finger am Mund, pst, *Feind hört mit*, der verdankte die östliche Bahnhofswand einen neuen Anstrich. Denn es gab Farbe, es waren Nägel zu haben, Ölsardinen! und was die Staatsreserve sonst noch versteckt gehalten hatte. Die Briten liessen leben aus dem Vollen, die fuhren das Gaswerk voll aus, brachten den Reichsbahnfahrplan auf den Friedensstand, Schule wurde gehalten zwei Tage nach ihrer Ankunft. Die Deutschen sollten mal sehen wie das flutscht in einer Demokratie, *wir kommen als ein siegreiches Heer, jedoch nicht als Unterdrücker*. Mitte Mai trieben auch bei Rande die Konzentrationslagerhäftlinge an, die am 3. Mai bei Neustadt unter den Angriffen britischer Bomber auf drei Evakuierungsschiffe ums Leben gekommen waren, *auf die Verbreitung von Gerüchten, die dem Ansehen einer der vier Besatzungsmächte abträglich sind, steht eine Strafe im Belieben des Ortskommandanten*, die Militärpolizei forderte aus Jerichow bewährte, umsichtige und erfahrene Nationalsozialisten an zum Räumen des Strandes von Leichen und Leichenteilen, Cresspahl musste sich halten an die Mitgliederkartei der N.S.D.A.P., das trug ihm böses Blut ein in der Stadt. Ein Verräter wurde er auch genannt, weil er nach zwölf Jahren in Jerichow wusste, wo Wohnraum versteckt war, und anständigen Leuten Flüchtlingsfamilien einwies in die Gute Stube, in der ihm dereinst Kaffee angeboten worden war. In der letzten Juniwoche gab Cresspahl bekannt, dass die westlichen Alliierten am 1. Juli die von ihnen besetzten Gebiete von Mecklenburg, Sachsenland, Sachsen-Anhalt und Thüringen eintauschen wollten gegen drei Sektoren in Berlin; die Stadt glaubte im Ernst, er habe Zeit versäumt mit dieser Anmeldung, da doch fast jeden Abend Amerikaner bei ihm im Haus gesessen und getrunken hatten, auch Engländer. *Sollen wir nu mit den Engländern gehn, sallen wi blievn?* Jener Sonnabend war schlecht für Besuche, Schneider Pahl machte nicht auf, weil er mit seiner Familie ins Bruch gegangen war, Dr. Berling sass bei offener Tür tot im Stuhl, mit Blick aufs Weinglas wie gewohnt. Dass Cresspahl blieb, galt als Unverschämtheit, Papenbrocks Festhalten am Besitz wurde als Ungeschicklichkeit angesehen und seelische Qual. Am 2. Juli abends kam der sowjetische Kommandant mit Cresspahl nach Hause und lehrte mich ein Spiel, da musste immer einer dem anderen was sagen. *Du Faschiist. Ich Faschiist. Wash Gitler – swjer. Nash Gitler – swjer.*

Die Hitler kommen und gehen, das deutsche Volk, der deutsche Staat aber bleibt. Die Staatsgewalt in Jerichow lag im Belieben des Majors K. A. Pontij, gutartig, solange das Wasser aus dem Stein schlug, hatte er einmal danach verlangt, bösen Wesens, blieb der Stein Stein. Aber gebrauchen musste die Macht der Bürgermeister, und die Stadt hasste Cresspahl für Pontijs Befehle, für den grünen Zaun, der auf ihre Kosten um ein Achtel von Jerichow hochgezogen wurde, für die Razzien auf Radios, Akkumulatoren, Schreibmaschinen, Telefongeräte, Mikrofone, Fotoapparate, Gold- und Silbermünzen, und verachtet war er, als er die Beschlagnahme von Möbeln bei seinen eigenen Schwiegereltern zuliess. Das Amt des Bürgermeisters verlangte nun Cresspahls ganzen Tag, denn die Ernte auf den Feldern des geflüchteten Adels sollte er auch noch einbringen neben der Registrierung der Bevölkerung in drei Arbeitsgängen, und oft sollte Cresspahl erschossen werden, wenn er seinem Kommandanten wider die Anlage eines sowjetischen Heldenfriedhofes auf dem Marktplatz riet, *gerojam Krasnoi Armii*, oder doch wahrhaftig versagte beim Aufstellen einer kommunistischen, einer sozialdemokratischen und einer christdemokratischen Partei. Und oft nahm es sich aus, als habe K.A. Pontij seinen Armisten weniger zu befehlen als den Deutschen. Denn einmal war doch etwas Wahres gewesen an den Bildberichten des Reichsministeriums für Volksaufklärung, an den Aufnahmen, die gemacht wurden im Oktober 1944 beim Rückstossen deutscher Truppen auf sowjetisch besetzte Dörfer im Regierungsbezirk Gumbinnen, Nemmersdorf, Goldap, tatsächlich taten die Sowjetmenschen den Frauen Gewalt an, da verschlug ein mit Hühnermist beschmierter Unterleibsverband nur manchmal, *die deutsche Frau schminkt sich nicht*, und wenn Cresspahl Meldung machte wegen Kieferbruch dabei oder Todesfolge, so sollte er augenblicklich erschossen werden. Ich habe Amalie Creutz laut weinend durch die Stadtstrasse laufen sehen, nun bekam ich von Jakobs Mutter Aufklärung, wie es zugehen kann zwischen den Körpern von Frau und Mann, mit einem lehrte sie mich fertig zu werden, auch mit zweien, »aber wenn es drei sind, hör auf, dich zu wehren«. *Führer befiehl, wir tragen die Folgen!* Und wenn Fiete Wulff, der einzige Sohn von Peter und Meta, der zu Fuss marschiert war aus seinem Strafbataillon in der Tschechei bis nach Jerichow, wenn der beim Anblick eines betrunkenen Rotarmisten sich behaglich verwunderte, es sei ja nun bei uns wie in der Landeshauptstadt, so musste das nur Pontij hinterbracht werden, damit der Junge verprügelt wurde im Keller unter der Villa des Herrn Kriegskommandanten und dann abgeschoben »nach Neubrandenburg« und nie in seinem Leben zurückkommen; er hatte bloss beim Passieren Schwerins gesehen, wie ein Trupp Rotarmisten, reingefallen auf versetzten Methylalkohol aus dem Schwarzhandel, auf dem Bahnhofsvorplatz umfielen und öffentlich starben; Pontij konnte das Reden über sowjetische Schnapsleichen verbieten, seine lebendigen Schnapsfreunde verweigerten ihm den Gehorsam, öffentlich. (Cresspahls Fürsprache trug ihm bloss ein, dass er erschossen werden sollte. So konnte Peter Wulff ihm fast gleich verzeihen.) *Nehmt die Räder, nehmt die Uhren, und verschwindet ohne Spuren.* Kein Sagen hatte Pontij auch bei der sowjetischen Flughafenkommandantur, die hatte die Flüchtlinge ohne Federlesens aus den Kasernen auf die Strasse getrieben, *wenn der Stalin das wüsste!* Die Tochter Cresspahls war dem Kommandanten dankbar, denn er hatte die Toten vom Lande wie die aus dem Wasser von ihrem Haus weggenommen auf einen neuen Friedhof an der rander Chaussee. Hanna Ohlerich aus Wendisch Burg fürchtete sich vor ihm, denn ihre Eltern hatten den Filmen aus Gumbinnen geglaubt und sich aufgehängt. Sie schlief mit mir in einem Bett. Jakob zog sie vor. Cresspahls Tochter glaubte auch an eine Art Freundschaft zwischen ihrem Vater und K.A. Pontij, denn der bestand nach jedem Streit über geschäftliche Unregelmässigkeiten auf einer nachdrücklich begossenen Versöhnung, und wenn der hohe helle Himmel ihn traurig machte in der Nacht, kam er trinken zu Cresspahl. Auch hat er ihn ja gewarnt vor der Fahndung der sowjetischen Abwehr nach dem Vater eines Robert Papenbrock, der war in der Ukraine gesehen worden beim Aufhängen von Menschen und Abbrennen von Dörfern, so konnte mein Grossvater unter dem Anschein einer Verhaftung noch einmal versteckt werden in Alt Demwies, einer Gemeinde tief südlich von Gneez, weiter weg vom Schuss, den bekam er erst sechs Jahre später. Aber schon im Oktober entsetzte Pontij Cresspahl seines Amtes, der mochte ihm zu oft in den Ohren gelegen haben mit Gesuchen um die Erlaubnis zur Abtreibung bei Amalie Creutz und anderen, bei dem mochte er eine Buchführung vermuten über die »Entnahmen und Verrechnungen« der Kommandantur aus der Zivilversorgung, oder vielleicht ohne Pontijs Wissen wurde sein Bürgermeister abgeholt, und Amalie Creutz erhängte sich doch. Als Erich Creutz zurückkam aus der französischen Gefangenschaft, versicherte er jedermann, er hätte ihr aufs Wort geglaubt; kaum einer glaubte ihm.

Am 10. Juni 1945 hatte die Sowjetische Militär-Administration die Zusammenstellung von Parteien erlaubt, einen Tag später meldete sich die K.P.D., *wir sind der Auffassung, dass der Weg, Deutschland das Sowjetsystem aufzuzwingen, falsch wäre. Völlig ungehinderte Entfaltung des freien Handels und der privaten Unternehmerinitiative auf der Grundlage des Privateigentums,* eine Woche später tritt die S.P.D. an mit einem neuen Staatsgedanken, *einer neuen antifaschistisch-demokratischen Republik, Demokratie in Staat und Gemeinde, Sozialismus in Wirtschaft und Gesellschaft.* Im Juli trifft sich der Generalissimus Stalin mit seinen Verbündeten bei Potsdam, einen Tag später erhöht seine Militär-Administration die Lebensmittelrationen für die deutsche Bevölkerung. Am 2. August machen die Hohen Vier Vertrag. *The destruction of fascism and militarism and its economic roots was one of the main demands.* 26 Prozent der sowjetischen Reparationen liefern die Zonen 1 bis 3, den Rest die Zone 4; die Sowjetunion bekommt Polen bis zur Curzon-Linie, dazu Königsberg und den Nordteil Ostpreussens, Polen wird entschädigt mit deutschem Gebiet bis zur Linie der Flüsse Oder und Neisse. Am 6. August lassen die Amerikaner eine Atombombe herab über Hiroshima, zwei Tage später eine über Nagasaki, am 9. August erklärt die Sowjetunion den Japanern den Krieg, am 2. September unterschreiben die ihre Niederlage. Was, kein Besatzungsgebiet wollt ihr uns zuteilen in Japan? dann geben wir euch auch keine Kurileninsel als Luftwaffenbasis. *Das ist ein eiserner Mensch. Sein Name zeigt uns seine Gestalt: Stalin – Stahl. Er ist unbeugsam und biegsam wie Stahl.* Im Oktober beginnt das Internationale Militärtribunal in Nürnberg seine Untersuchungen gegen Deutsche, die sind angeklagt des Bruches internationaler Verträge, der militärischen Aggression, Verbrechen gegen die Gesetze der Kriegführung, der Massentötung, der Massendeportation, der Plünderung, des Geiselmords. Überhaupt sind sie nun beim Zusammenzählen und werden aus dem deutschen Krieg fünfundfünfzig Millionen Menschenopfer addieren. Eisenhower beziffert die Verschuldung des Deutschen Reiches auf 400 Milliarden Mark, es sind aber nur 387 Milliarden, 95 Prozent des inländischen Geldvermögens. *Gibt es einen besonderen deutschen Weg zum Sozialismus?* Und doch hat mein Vater vorgesorgt für mich. Kaum war er verschwunden, kam Jakob vom Lande herein und gab seine Pferde in fremde Hände (und setzte Korn zu obendrein). Ins Gaswerk ging er arbeiten, da gab es Kohle als Deputat, es war der erste warme Winter im Haus seit 1943. Mietverträge führte er ein mit den Flüchtlingen bei uns, so bekam ich ein Einkommen und konnte weiter zur Schule fahren nach

Gneez wie Cresspahl gesagt hatte. Seine Mutter hat mich das Kochen gelehrt und das Nähen, die Ordnung und wie man freundlich ist zu Kindern, auch fremden. Sie hielten sich zurück in der Erziehung, als wär ich von höherem Stand als sie, da durfte ich mich also entschliessen, nach Leslie Danzmanns Entlassung von Stund an unbekannt zu sein mit ihr, weil die mir zu wenig sagen konnte über das Abbleiben von Cresspahl, das nahmen sie hin als etwas Vornehmes, aber wehe! wenn Jakob mich im Verdacht hatte, ich sei ungenügend freundlich zu Hanna, da setzte es Ermahnungen. Dabei habe ich das Bett mit ihr geteilt wie die Lebensmittelkarten für sie bezahlt; was konnte ich denn wissen von Eifersucht. Ein Weihnachten hat er uns gemacht, ohne dass es abgehen musste mit Kirche, und obwohl ihm meine Neugier auf englische Sachen unerfindlich war, er erzählte mir doch von Churchill im Radio und tröstete mich, als deutsches Gebiet ganz dichtebei zu den Engländern kam und wir unter den Sowjets blieben. Der Mann war er im Haus, und ich wollte ihn denken als einen Bruder. *Töw man, ick raup min Brauder, de hett Nägel ünne de Schauh.*

An Iron Curtain has descended across the continent. Als die Saat aufging 1946, liessen die neuen Kommandanten Jerichows die toten Rotarmisten aus ihrem Ehrenbegräbnis überführen in eine eigene Abteilung auf dem neuen Zentralfriedhof an der rander Chaussee, von weitem kenntlich an dem Obelisken, unten eine Kommode, in der Mitte sargartig, von da an raketenförmig, *Večnaja slava russkim bogatyrjam poguvšim w bojach s njemjezkimi faschistami: Rodina*, ich aber marschierte zur Einweihung des sowjetischen Heldenfriedhofs von Gneez, am Landgericht vorbei, ahnungslos über Cresspahls Kopf, wir sangen einen Obelisken an, wie ich ihn von Jerichow kannte und noch in Bornholm gesehen habe, *evig berømmelse for de russiske helte som ofrede livet i kampen mod tyske okkupanter.* Im April räumte die sowjetische Besatzung Bornholm. Im April protestierte der Antifa-Block der vier ostdeutschen Parteien gegen eine Besatzungsmacht, denn Frankreich hatte im Februar die Saar als ein separates Protektorat etabliert. Slata kannte mich jetzt, wenn ich ihr begegnete in Gneez, wen hätte ich denn besser fragen können nach Cresspahl als die Dolmetscherin und Sekretärin des gneezer Stadtkommandanten! und habe es versäumt. Am 21. April tritt die ostdeutsche K.P.D. mit der ostdeutschen S.P.D. zusammen in der Sozialistischen Einheitspartei Deutschlands, *du kamst von links, Genosse, und ich kam von rechts.* Zur Schule fuhr ich immer noch im gleichen Abteil mit Lise Wollenberg, aber in der Klasse sass ich neben Brigitte Wegerecht, weil Frau Dr. Beese ihr den Vater als Faschisten vorgehalten hatte, und sie neben mir, weil die Lehrerinnen in der Klasse von Cresspahls Verhaftung gemunkelt hatten. Das hatte ich verschweigen wollen. Cresspahl sass jetzt in Schwerin unter der Erde und hörte bei seinen sowjetischen Beschützern Vorlesungen über das dialektische Einssein von subjektiver Unschuld und objektiver Schuld. Pontij soll damals ein Urteil bekommen haben, aber da Cresspahl die Unterschrift unter die Pontijschen Rechnungen verweigerte, bekam er keins und wurde in ein Wartelager verbracht. *Gesteh alles, kriegst zehn Jahre weniger!* In allen Familien ist es doch vorgekommen, da kam ein Fremder und sagte: Ihr Mann, Ihr Sohn, Ihr Bruder, ich habe ihn für bestimmt gesehen. Für mich blieb er wie tot. Im Juni tauschte Leslie Danzmann in aller Öffentlichkeit mit einem Rotarmisten ein Paar lederne Schnürstiefel gegen Filzklamotten. Im Juni tat Jakob Hanna und mich in die Ernte zu den Schlegels. Johnny Schlegel wusste alles von mir; es war wie ein Aufwachen, dass so einer ein Freund Cresspahls gewesen war seit 1934, nun sah ich ihn zum ersten Mal. In Johnnys Kommune wartete ein junges Mädchen, Anne-Dörte hiess sie, eine Adlige war sie, ich schlug oft die Augen nieder, wenn sie mit mir sprach. Wollte ich eine Schwester von Jakob sein, so musste ich mich freuen und ihm Glück wünschen obendrein. Sie war schön, tapfer, wahrhaftig, sie liebte ihn. Liebe im Ernst, was hatte ich denn davon gesehen als das Schreckliche, eine Flüchtlingsfrau eines nächtlichen Morgens in unserem Hausflur, die im Nachthemd zu den Füssen eines fremden Mannes liegt und ihn anfleht, zu bleiben, um Himmels, um des Lebens willen, um alles in der Welt, die Stimme mehr und mehr erstickt von Schluchzen; die steife Haltung des Mannes, der gehen wird. Diese beiden würden achten auf des anderen Schmerz. Auch Hanna trat Jakob sogleich an Anne-Dörte ab. Nachts weinten wir heimlich auf Johnnys Heuboden bei den Äpfeln, wir Küken.

Norbert Mecklenburg
Nachwort

Heute Neunzig Jahr ist der Titel des letzten, unvollendet gebliebenen Erzählprojekts von Uwe Johnson (1934-1984). Dieser Text stellt das bei weitem umfangreichste Manuskript im Nachlaß des Autors dar, abgesehen von seinem ersten Roman *Ingrid Babendererde*, den Siegfried Unseld ein Jahr nach dem Tod seines Freundes herausgegeben hat. Das Projekt *Heute Neunzig Jahr* steht, wie andere Arbeiten aus den letzten Lebensjahren Johnsons, mit seinem Hauptwerk *Jahrestage* in Beziehung, und zwar besonders eng und in zweifacher Hinsicht. In thematischer Hinsicht bietet es Ergänzung und Variante zu jener Geschichte, die in *Jahrestage* episch ausgebreitet wird: der Geschichte der Familie Cresspahl von 1931 bis 1968, von Heinrich Cresspahl, Jahrgang 1888, seiner Tochter Gesine, Jahrgang 1933, sowie ihrer Tochter Marie, Jahrgang 1957. In entstehungsgeschichtlicher und künstlerischer Hinsicht verkörpert es eine Vor- und Zwischenstufe zu dem Hauptwerk. (Davon handelt die nachfolgende philologische Studie.) Der Projekttitel *Heute Neunzig Jahr*, der seit 1983 den älteren Arbeitstitel *Versuch, einen Vater zu finden* ersetzt hat, deutet an, daß Johnson vorhatte, seine Cresspahl-Geschichte bis zum Jahr 1978 fortzusetzen. Denn zu diesem Zeitpunkt sind seit der Geburt Heinrich Cresspahls neunzig Jahre vergangen, seit der Geburt Gesines genau halb so viele, und Marie wird einundzwanzig.

Diese geplante Fortführung über das Jahr 1968 hinaus ist gänzlich unausgeführt geblieben, was *Jahrestage*-Leserinnen und -Leser, die neugierig darauf sind, wie es mit Gesine nach dem 20. August 1968 weitergeht, sehr bedauern werden. Die Nachlaßmanuskripte bieten die Cresspahl-Geschichte lediglich bis 1946. Sie bricht also an einer

Stelle ab, über die Johnson schon im dritten Band der *Jahrestage*, der 1973 erschienen war, hinauserzählt hatte. Außerdem ist sie hier in einer sehr viel knapperen Version als in seinem Hauptwerk dargeboten. Eine Fortsetzung, die nur geplant war, eine Variante, die nur eine Kurzfassung darstellt – was kann an diesem Seitenstück zu *Jahrestage* von Interesse sein?

Zumindest zweierlei: Zum einen wird hier die gesamte Vorgeschichte erzählt, also das Leben Heinrich Cresspahls von 1888 bis 1931, über das es in *Jahrestage* nur ein paar rückblickende Andeutungen gibt. Zum anderen wird die Cresspahl-Geschichte hier in einer eigenen literarischen Form dargeboten, einer mosaikartigen Montage aus historischen Fakten und fiktiver Biographie in Gestalt eines tabellarischen Lebenslaufs. An dieser Form ist deutlicher als an der ungleich komplexeren Form des Großepos *Jahrestage* ablesbar, welche Grundimpulse Uwe Johnson als historischen und zeitgeschichtlichen Erzähler leiteten.

In seinem Gesamtwerk bilden vier Elemente den epischen Kernbestand: eine bestimmte Zeit, die deutsche Geschichte von der Naziherrschaft bis zur Epoche der Teilung; eine bestimmte Region, das Land Mecklenburg und das Städtchen Jerichow; ein bestimmter Personenkreis, die Familie Cresspahl und ihr Netz von Beziehungen; ein bestimmtes Thema: die Frage nach den Chancen persönlicher Integrität des einzelnen angesichts seiner Verstrickungen in Politik und Gesellschaft. Das Zentralwerk *Jahrestage* ist aus diesen vier Elementen aufgebaut. In ihm laufen viele Fäden ausgearbeiteter wie auch vom Autor erst projektierter Texte zusammen. Erzählt wird aus dem Leben von Gesine Cresspahl. Im nationalsozialistischen Deutschland und in der DDR aufgewachsen, als Bankangestellte aus Westdeutschland nach New York umgezogen, macht sie 1967/68 ein Jahr lang in täglicher Erinnerungsarbeit ihre Tochter Marie, von deren Vater Johnsons erste

Romanveröffentlichung *Mutmassungen über Jakob* handelt, mit ihrer Herkunft bekannt. Gesine selbst, von ihrer Heimat schmerzlich getrennt, auf die Lebensmitte zugehend, nach dem inneren Zusammenhang ihres bisherigen Werdegangs fragend, rekapituliert mit ihrer eigenen Geschichte die ihres 1962 gestorbenen Vaters. Dabei kommt sie nicht los von der bohrenden Frage, warum dieser 1933 die für ihn und seine Familie so verhängnisvolle Entscheidung traf, von England nach Deutschland überzusiedeln. Diese Frage bestimmt die Geschichtserzählung von *Jahrestage* und die von *Heute Neunzig Jahr* gleichermaßen.

In dem Nachlaßtext geht es darüber hinaus, in zeitlich noch weiterem Rückgriff, um die Fragen: Wie kam Cresspahl nach 1920 überhaupt von seiner Heimat Mecklenburg fort bis zu den Briten, und wie lebte er bei und mit ihnen? Welche Lebensumstände und -impulse hatten ihn bis 1920 geprägt und geleitet? Aufgewachsen in einem reaktionären Junkerstaat, früh zu politischem Bewußtsein als Sozialist gelangt, hineingerissen in den imperialistischen Krieg 1914-18, europaerfahren und jahrelang in England ansässig – was trieb Heinrich Cresspahl 1933 dazu, sehenden Auges ins Unglück zu gehen? Wie ist diese widerspruchsreiche Geschichte einer Person und ihrer Familie mit der katastrophalen Geschichte Deutschlands in der ersten Hälfte des 20. Jahrhunderts verflochten? Das sind die Leitfragen von Gesine Cresspahls Versuch, einen Vater zu finden. Doch ihre Erinnerung reicht nicht weit genug zurück, ist obendrein unberechenbar wie eine Katze. Einige mündliche Stimmen hat das Gedächtnis gespeichert, sie werden von Gesine gelegentlich abgerufen: Schulgespräche, Gespräche mit dem Vater. Doch was dieser von sich selbst erzählt hat, ist sehr fragmentarisch. Wie es ihm im Ersten Weltkrieg ergangen war, »er wollte es mir nicht erzählen, das war für seine Tochter nicht«. Was er jedoch damals in Briefen aus Mecklenburg gelesen hatte, seine »behäbige Erzählung« hat es bereitwillig an die Tochter weitergegeben. Was er über den Ablauf der Novemberrevolution in seiner Heimat zu erzählen wußte, z.B. von einem Landesherrn, der »dagestanden haben soll wie die Kuh, wenn's donnert«, hatte er sich damals von anderen erzählen lassen müssen. Aus eigener Erinnerung und aus Cresspahls mündlichen Erzählungen kann Gesine nur kleine Stücke für die Biographie ihres Vaters finden. Zur Verfügung hat sie des weiteren einen Lebenslauf, den er 1946 im Gefängnis der Sowjets hat schreiben müssen. Alles übrige muß sie über historisches Wissen, durch Quellen und Darstellungen zu erschließen versuchen. Diese dokumentarische Seite des Textes wird durch wiederholte Literaturangaben unterstrichen. Sie reichen vom Lexikon zum »Konversieren«, dem »großen Meyer« von 1889, und anderen Handbüchern über Sammlungen und Kalender, historische und volkskundliche Arbeiten, regionales Schrifttum und Memoiren bis zu literarischen Werken.

Von hier aus erklären sich drei Grundzüge der eigentümlichen Erzählweise dieses Fragments. Der eine besteht in dem tabellarischen Prinzip, das dem ganzen Text sein Gerüst gibt und seine einzelnen Kapitel definiert. An die »Kette der Jahre«, die mit dem »Dreikaiserjahr« 1888 beginnt, werden die jeweils dazugehörigen politischen Ereignisse angehängt, wie Gesine sie aus ihrem DDR-Schulbuch auswendig gelernt hat. Sie bilden die »äussere Kruste des Gewesenen«. Mit Hilfe dieser Kette schöpft Gesine aus dem seit Thomas Manns Joseph-Roman sprichwörtlichen »Brunnen der Vergangenheit«. Der zweite Grundzug, der Mutmaßungsstil, hängt mit den Schwierigkeiten dieses Erinnerungs- und Rekonstruktionsversuchs zusammen. Welcher Wahrheitswert kommt den Mutmaßungen über Heinrich zu, die von der Laienhistorikerin Gesine mosaikartig zusammengefügt sind aus harten Tatsachen und unsicheren Hypothesen, aus Funden und Erfindungen, aus Gewußtem, Vermutetem und Gewünschtem? Auch ihre ständigen Reflexionen über diese Frage fügt die Erzählerin als weitere Mosaiksteinchen ein. All das ist bündig im Vorspruch des Textes zusammengefaßt:

»Auswendig gelernt, die äussere Kruste des Gewesenen, gezwängt in die Kette der Jahre, die zurückrasselt in den Brunnen. Statt der Wahrheit Wünsche an sie, auch Gaben von der Katze Erinnerung, dem Gewesenen hinterher schon durch die Verspätung der Worte, nicht wie es war, bloss was ich davon finden konnte: 1888. 1938. 1968. Damals.«

»Damals« – das ist gesagt aus der monologisch rückblickenden Perspektive Gesines. Gemäß dem Projektplan erfolgt dieser Rückblick auf neunzig Jahre internationale, deutsche und Cresspahl-Geschichte im Jahr 1978. Solch eine Erkundung des Gewesenen in Form eines Inneren Monologs hatte Johnson seiner literarischen Person Gesine schon fünfzehn Jahre früher einmal zuschreiben wollen: das waren die Anfänge des Cresspahl-Erzählprojekts. 1962/63 – da ist Gesines Vater gerade gestorben. Im Westen lebend, darf sie zu seiner Beerdigung in Jerichow nicht in die DDR einreisen. Das setzt ihre Erinnnerung, ihren Versuch, einen Vater zu finden, als Trauerarbeit in Gang. Fünf Jahre danach, 1967/68, unternimmt sie es dann ein ganzes Jahr lang tagtäglich, nunmehr in dialogischer Form, in Gemeinschaft mit ihrer Tochter Marie und für diese, ihre eigene Lebensgeschichte erinnernd, recherchierend, erzählend aufzuarbeiten. Das schreibt ihr dann der »Genosse Schriftsteller« jeweils auf, in vier Lieferungen *Jahrestage*. Zehn weitere Jahre später ist auch 1968 zu einem Damals geworden, eingefügt in die Kette der Jahre wie 1888, das Geburtsjahr ihres Vaters, und 1938, das Todesjahr ihrer Mutter. Und nun spricht wiederum eine einsame, eine noch einsamer gewordene Gesine mit sich selbst auf der Suche nach der verlorenen Zeit. Das ist die

Erzählsituation, wie sie für *Heute Neunzig Jahr* geplant war. Im nachgelassenen Textfragment dagegen spricht, wie in *Jahrestage*, eine Gesine von 1968, z.B. wenn sie von 1944 erzählt: »Elf Jahre war ich alt, so wie Marie.«

Der dritte Grundzug der Erzählweise besteht in der mosaikartigen Textstruktur, der Montage in rascher Schnittfolge aus einer Vielfalt von Fakten und Fiktionen, Materialien und Reflexionen, Geschichten und Erinnerungen, Zitaten und Stimmen. Gleich der Beginn der Erzählung (nach dem Vorspruch) zeigt deutlich diesen Mosaikcharakter. Sie setzt ein mit einem Gestus, in dem sich altmeisterlich fabulierende Allwissenheit und chronikalisch-urkundliche Nüchternheit auf bezeichnende Weise mischen: »1888, am 10. Oktober, meldete ein Stellmacher Herrn von Bobzin die Geburt eines männliches Kindes.« Es folgen exakte topographische Angaben, mit denen das Leben der erfundenen Person fest in der Wirklichkeit verankert wird. Dabei wird die Region, das Land Mecklenburg, nicht nur als geographische Gegebenheit angesprochen, sondern zugleich als Stimme, als Volksmund, zitiert; denn die letzten beiden Ortsnamen sind im Rahmen eines plattdeutschen Scherzreims dargeboten: »Malchow und Röbel, næm' S' mi nich oevel.« Daran schließt sich eine merkwürdige Erläuterung an: »wo die germanisierten Slawen hausten«. Das regionalhistorische Faktum, entnommen aus »Meyers Wissenswertem vom nächsten Jahr«, d.h. aus dem »großen Meyer« von 1889, ist durch die abschätzige Benennung der Siedlungsweise mit »hausten« satirisch verfremdet. Im scheinbar unverfänglichen Lexikonwissen werden antislawische Ressentiments spürbar, die symptomatisch sind für die im Kaiserreich herrschende Mentalität.

Es folgt eine kalendarische Information, die in ihrer lächerlichen Belanglosigkeit ein Licht auf die Mentalität der im Ständestaat Mecklenburg Herrschenden wirft. So denkt die »Herrschaft«, und wie sie redet, gönnerhaft, autoritär, verachtungsvoll, zeigt die eingeblendete Stimme des Herrn von Bobzin: »Wo sall de Jung denn heiten, näum' S' em Johann, hei kümmt ja doch bi de Pier.« Die Prädestination zum Pferdeknecht wie die entsprechende Taufanweisung werden von den Eltern vorsichtig unterlaufen: sie geben ihrem Sohn *zwei* Namen: Johann Heinrich, »in Demut nach dem herrschaftlichen Befehl, in Trotz nach dem Vater. Der Junge wurde mit seinem zweiten Namen gerufen, er sollte nicht zu den Pferden.« (Und so geschieht es denn auch: Heinrich kommt nicht »bi de Pier«, sondern »bi de Lüd«, sprich: in eine Tischlerlehre.) Von diesen Großeltern weiß Gesine praktisch nichts. Nur ihre Namen findet sie in Urkunden, weder Briefe noch Bilder hat sie von ihnen. So bleiben sie für Gesine, die sich sonst auf Gespräche mit Toten versteht, »welche, die sprechen nicht mit mir«, denn sie hat es versäumt, sie rechtzeitig zu suchen. Das wirft sie sich vor, indem sie echoartig den vorher zitierten Scherzspruch aufnimmt, aber mit leiser Trauer: »Ick næm't mi oevel.«

So geht es weiter mit der mosaikartigen Zusammensetzung von Erzählfragmenten zu Cresspahls Leben (und später auch zu dem seiner Familie) – ständig begleitet von den Reflexionen der Erzählerin Gesine. Was sie nicht weiß, versucht sie sich vorzustellen, zu »sehen«, ohne auf bloße Erfindungen zurückzugreifen. Wo sie es gern anders hätte, als sie es weiß, bedenkt sie das Gewesene mit irrealen »Wünschen«. Und immer wieder sieht sie sich veranlaßt, das Verhalten des von ihr geliebten und geachteten Vaters in seinen politischen und privaten Verwicklungen auch kritischen Fragen und Urteilen zu unterziehen.

Im zweiten Kapitel wird unvermittelt an eine tabellarische Aufzählung politisch-historischer Daten von 1889 bis 1893 ein Versuch angeschlossen, den fünfjährigen Heinrich zu sehen: »Dazwischen ein meist barfüssiges Kind in sanft gewelltem, mässig bewaldetem Gelände. [...] Die barften Beine darf ich annehmen; mehr wäre blosse Behauptung.« Es folgen erneut historische Daten, zum Jahr 1894, und dann wieder: »»Ein Kind in schwarzen, knielangen Hosen, einem zerschlissenen Hemd ohne Bund; das darf ich sehen. Uneben geschnittene weisse Haare, fest gegen den Boden gestemmte Beine; es wäre ja erfunden.« Zwischen Annehmen und Behaupten, Sehen und Erfinden, Ermitteln und Erzählen bewegt sich dieser Versuch, einen Vater zu finden, ständig hin und her. Als Gesine auf Cresspahls Jahre in England zu sprechen kommt, kann sie zwar »sehen«, wie und womit er sich als Gelegenheitsarbeiter durchschlägt, z.B. »wie er die Klingen eines Rasenmähers entrostet und schleift, wie er gräbt in einem herrschaftlichen Garten à la Sissinghurst«, denn das hat er schon als Kind gelernt; aber mit seiner bürgerlichen englischen Lebensgefährtin kann sie ihn sich nur schwer vorstellen, »mit Mrs Trowbridge kommt er mir in kein Bild«. Zwar »ganz leicht sehe ich ihn im Gespräch an der Theke eines Pubs in Richmond«, allein jedoch, denn einen gemeinsamen Besuch mit Mrs Trowbridge dort kann sie sich nur mit Mühe ausmalen.

Das Sehen und das Wünschen lassen sich nur schwer zur Deckung bringen, allenfalls wo es Leerstellen in Cresspahls Lebenslauf gibt. »Zwar darf die Tochter wünschen«, und aus triftigen Gründen, der Sechzehnjährige sei in den Turn- und nicht in den Schießverein von Malchow eingetreten. Jedoch: »Mit dem Wünschen geht es nicht weiter dahin, wo er zu sehen wäre.« Gesines Hauptwunsch vollends, der sich auf die entscheidende Wende in Cresspahls Leben bezieht, ist ihr schmerzlich in seiner Irrealität bewußt: Als sie von seiner Begegnung 1931 in Travemünde mit Lisbeth Papenbrock, seiner zukünftigen Frau, erzählt, fügt sie hinzu: »Ich will es anders. Lisbeth soll sich bequemen zu der lübecker Partie, zu der ihr vom Vater geraten war; Cresspahl soll gleich von Travemünde zurück mit

Bahn und Schiff nach England [...] und leben mit Mrs Trowbridge.« Denn mit ihr wäre es ihm besser ergangen als mit Lisbeth.

»Da hätte er weiterdenken sollen«, der Ehemann Cresspahl 1933 – so heißt es vorwurfsvoll in bezug auf Lisbeths Weggang aus England, in deren Folge schließlich auch er selbst in Nazi-Deutschland »festgebunden« werden sollte. Das ist der zentrale, leidvolle Vorwurf Gesines an ihren Vater. Doch auch in anderen Punkten scheut sie sich nicht vor kritischen Fragen und Feststellungen, formuliert diese allerdings meist ebenso vorsichtig wie lakonisch. Auf ein entlarvendes Zitat aus einem chauvinistischen deutschen Soldatenlied aus dem Ersten Weltkrieg folgt der kurze Satz: »Er war dabei.« Und auf einen Bericht über Aktionsbündnisse der Kommunisten mit den Nazis vor deren Machtergreifung folgt der Satz: »Er hat es gewusst.« Auch da also hätte er weiterdenken sollen.

Kritische Impulse vermittelt der Text jedoch nicht nur direkt über die Stimme der Erzählerin Gesine, ihre Reflexionen und Kommentare, sondern auch indirekt durch seine Verfahren, seine Mikrostruktur. Je nach Auswahl und Kombination der verschiedenen Mosaikteilchen, in Form von scharfen Kontrasten oder überraschenden Parallelen, von Pointen und epigrammatischen Zuspitzungen entstehen ironische und satirische Effekte. Nur eines von vielen Beispielen: »Das Hauptfach war die Furcht des Herrn und seines Stellvertreters von Bobzin« – dieser Satz ersetzt lange Ausführungen über ostelbische Landschulverhältnisse und über Heinrich Cresspahls Schulbildung.

Während die eingestreuten Daten, Zitate, Anspielungen, Verweise in ihrer Vielfalt den Text offenhalten, die Erzählung über sich hinausweisen lassen, trägt ein anderer Stilzug zur Geschlossenheit des aus derart heterogenem Material gefügten historisch-biographischen Mosaiks bei.

Man könnte ihn als »semantischen Reim« bezeichnen: Zwei Textabschnitte, die durch Themawechsel getrennt sind, werden gleichzeitig verklammert durch ein gemeinsames Bedeutungselement. So stehen »vierzig goldene Mark«, die Lehrling Cresspahl im ersten Jahr gespart hat, neben der Deutschen Bank als Erbauerin der Bagdadbahn. So folgt auf das politische Schlagwort »Entente Cordiale« das herzliche Einvernehmen Heine Cresspahls mit Gesine Redebrecht. Solche semantischen Reime durchziehen den gesamten Text. Ebenso trägt zur Geschlossenheit des Textes bei, wenn bestimmte Wörter, Sätze, Sprüche nach längeren Textabständen leitmotivartig wiederaufgenommen werden, sei es ein alter Huldigungsvers an den Landesherrn, »*Gott segne Friedrich Franz / Und seiner Krone Glanz / Trübe sich nie*«, als das Thema der Fürstenenteignung behandelt wird, sei es der Grund- und Hauptspruch mecklenburgischer Philosophie, der sich für alle Lebens- und Verlegenheitslagen eignet: »*Wenn Einer dauhn deiht, wat hei deiht,/ Denn kann hei nich mihr dauhn, as hei deiht.*«

Sprüche aller Art, von politischen Slogans bis zu Volksweisheiten und -witzen, durchsetzen als Signaturen der Zeit in Form von kursiv hervorgehobenen Zitaten den ganzen Text und jedes einzelne Jahreskapitel. Die politische Sprüchesammlung reicht von Bismarcks Ausspruch: »*Wir Deutsche fürchten Gott, aber sonst nichts auf der Welt*« und Phrasen Wilhelms II. wie »*Ich führe euch herrlichen Zeiten entgegen!*« über »*knallt ab den Walther Rathenau, die gottverfluchte Judensau*« und ähnliche Parolen bis zu »*I have nothing to offer but blood, toil, tears and sweat*« (Churchill), »*Wollt ihr den totalen Krieg?*« (Goebbels) und: »*Stalin – Stahl. Er ist unbeugsam und biegsam wie Stahl.*« Dagegen die Subversivsprüche des Volksmundes, besonders aus dem »Dritten Reich«: »*Führer befiehl, wir tragen die Folgen!*«; »*Bubi drück mich*« (über den

BDM, d.h. Bund deutscher Mädchen); »*Wie muss die deutsche Weihnachtsgans sein? Fett wie Göring, schnatternd wie Goebbels und gerupft wie das deutsche Volk.*« Oder, aus der Endphase des Hitlerreichs: »*Es gibt demnächst mehr Butter, die Führerbilder werden entrahmt.*« Plattdeutsches Spruchgut aus mecklenburgischer Volksüberlieferung, an passenden Stellen eingefügt, erweitert die im Text enthaltene Vielfalt der Töne um einen markanten Ton. Drei Beispiele: »*De ein sleit den Nagel in, de anner hängt dor den Hot up*«; »*Alle Dag wat Nieges, säd de Katt, dor verbrennt sei sick de Tung an de heite Melk*«; »*Töw man, ick raup min Brauder, de hätt Nägel ünne de Schauh.*« Auch plattdeutsche Dichtung wird wiederholt zitiert, z.B. aus Klaus Groths Gedicht *Töf mal!* etwas auf Lisbeth Cresspahl Passsendes: »*Sei is doch de stillste von alle to Kark! Sei is doch de schönste von alle tau Markt. So wittlich, so weiklich, un dei Ogen so grot, so blag as dei Häwen und deip as de Soot.*«

So besteht der ganze Text aus einer Partitur, deren sorgfältige Komposition bei mündlichem Vortrag besonders sinnfällig wird – etwa wenn Uwe Johnson daraus vorliest. (Die Tonkassetten-Edition *Versuch, einen Vater zu finden/ Marthas Ferien* macht zwei eindrucksvolle Lesungen des Autors zugänglich.) Dann *hört* man diese Vielfalt der Töne, der Stimmen, die aus dem geschichtlichen, sozialen, regionalen Raum in die Erzählung hineinsprechen und die Stimme Gesines gleichsam polyphon überlagern. Dann *hört* man z.B., in Zusammenhang mit Heinrichs Militärdienstzeit, einen leibhaftigen Unteroffizier seine Rekruten belehren, und es ist doch nur ein Zitat aus dem »großen Meyer« über Grundbegriffe der Artillerie: »Die Bohrung des Geschützes heisst Seele, ihr Durchmesser das Kaliber.«

Der Text *Heute Neunzig Jahr* ist trotz seiner einfachen annalistischen Grundstruktur ein Prosastück von erstaunlicher Dichte und Komplexität. Seine erzählerische Spannweite reicht von trockener Statistik: »1907 brachten die Reichstagswahlen 37,8 % mecklenburgischer Stimmen für die Konservativen, 22,8 für die Liberalen, 39,4 für die Sozialdemokraten«, bis zu fast lyrischer Evokation von Landschaft: »die Müritz, ich wünschte sie ihm, zwanzig Kilometer Blick über Wasser, den im Dunst zum Himmel verwischten Horizont, die scharf heranspringenden Baumkanten des östlichen Ufers«... Sie reicht von historischem und satirischem Scharfblick für symptomatische Details bis zu einfühlsamer Nachzeichnung von Spuren gewesenen Lebens, des Vaters Heinrich Cresspahl ebenso wie des eigenen Lebens der erinnernd erzählenden Tochter Gesine. »When I was very young. Alles kam auf einmal in den Tag. Eben noch weggesperrt in den Schlaf, gleich die anderen erkennen an den Geräuschen, die sie durch die Wände melden« – so beginnt ein Kapitel, in dem Gesine einen Tagesablauf aus ihrer frühen Kindheit geradezu lyrisch beschwört. Der erhaltene Text von *Heute Neunzig Jahr* bricht ab mit einem Gestus ebenso liebevollen wie selbstironischen Lächelns über gemeinsamen Liebeskummer der dreizehnjährigen Gesine und ihrer Freundin Hanna, weil Jakob eine Dritte liebt: »Nachts weinten wir heimlich auf Johnnys Heuboden bei den Äpfeln, wir Küken.«

Heute Neunzig Jahr ist eine historisch-zeitgeschichtliche Erzählung mit einem ganz eigenen literarischen Ansatz. Der Erzählform nach ist sie ein Innerer Monolog, dem Gegenstand nach Biographie, Autobiographie und Familienchronik, dem Zeitgerüst nach ein tabellarischer Abriß deutscher Geschichte. Es sind sechzig Jahre, beginnend mit der wilhelminischen Zeit, der Vorgeschichte der verhängnisvollen Entwicklungen im 20. Jahrhundert, abbrechend mit dem Beginn des Abschnitts deutscher Geschichte, dem Uwe Johnsons Gesamtwerk zugehört, der

Epoche der Teilung. Durch Montage- und Mosaiktechnik sind öffentliche Geschichtsdaten und private Lebensgeschichten ineinandergefügt. Diesem Formprinzip ist eine eigene Ansicht von Geschichte und geschichtlicher Erfahrung eingeschrieben, genauer: von der Dialektik objektiver und subjektiver Momente in der Teilnahme des Individuums am Geschichtsprozeß. Einerseits vermittelt Johnsons Darstellungsweise, die Art, wie von ihm der biographische Faden in das gesamtgeschichtliche Gewebe eingeflochten wird, die materialistische Einsicht, daß die Umstände den einzelnen Menschen in der Regel mehr prägen, als er sie zu prägen vermag, besonders wenn er, wie ein Heinrich Cresspahl, zu den kleinen Leuten gehört. Ein gutes Beispiel dafür ist, wie Cresspahls Einberufung in den Krieg 1914 mitgeteilt wird: Eine Aufzählung der Kriegsziele der europäischen Mächte, die satirisch zitierend einem Handbuch entnommen ist, mündet in den lakonischen Satz ein: »Willy Zwo bedurfte all dessen auch, sowie des deutschen Sagens in Europa, weiterhin des Kanoniers Cresspahl an der Barbarastrasse in Güstrow.«

Andererseits betont Johnson gegenüber den objektiven Momenten der Geschichte die subjektive Seite, und zwar in Hinsicht auf die erzählende wie auf die erzählte Person: Gesine versucht das historische Wissen, das sie rekapituliert, in Erkenntnis umzusetzen, in eine persönliche und durchaus kritische Aneignung des Geschichtsabschnitts, der ihr Leben bestimmt hat. Dazu gehört auch die Abrechnung mit ideologischer Geschichtsvermittlung, wie sie Gesines DDR-Schule betrieben hatte; das vorenthaltene Wissen, die »weggetäuschten Zitate« arbeitet sie gewissenhaft nach. Und das schließt auch kritische Fragen an ihren Vater und an andere Personen ein, in bezug auf ihr Mitmachen und Mitwissen, ihren persönlichen Anteil an Verantwortung und Schuld. Die Erkenntnis- und Trauerarbeit Gesines an der deutschen Geschichte des 20. Jahrhunderts verschließt sich weder reflexiven noch emotionalen, weder ethischen noch politischen Impulsen. So wird die Figur dieser Ich-Erzählerin und Laienhistorikerin zu einem paradigmatischen Gegenentwurf gegen Verkümmerung geschichtlicher Erfahrung und Verdrängung geschichtlicher Schuld. Gegenüber postmodernen historischen Romanen mit ihrem üppigen Fabulieren und leichthändigen Illusionsspiel verkörpert Uwe Johnsons karge, gewissenhafte historische Erzählung *Heute Neunzig Jahr* eine gleichfalls unzeitgemäße erzählerische Alternative. Das besagt nichts gegen ihre literarische Haltbarkeit. Im Gegenteil.

Editorische Hinweise

Das Erzählprojekt *Heute Neunzig Jahr* von 1983/84 ist überliefert und belegt in Gestalt von zwei titellosen Typoskripten (T^1 und T^2) aus dem Jahr 1975, einer Sammlung von nicht ausgearbeiteten Notizen und Materialien sowie Briefzeugnissen. Den auf Tonband überlieferten Lesungen des Autors im Rundfunk (L^1 und L^2) sowie zwei Teilpublikationen von 1988 und 1992 aus dem Nachlaß (N^1 und N^2) liegt das Typoskript T^2 zugrunde.

Der Nachlaßtext befindet sich im Uwe-Johnson-Archiv in drei Formen. Da ist erstens T^1 als Originaltyposkript, das auf Johnsons IBM-Schreibmaschine erstellt ist, und zwar genau in der Art, wie er auch die Typoskripte von *Jahrestage* und anderen Werken gestaltete: engzeilig und links mit sehr breitem Rand, auf dem sich zahlreiche Korrekturen (T^{1a}) befinden. Bis Blatt 36 ist dieses Typoskript mehrfach mit Datierungen versehen, danach nicht mehr. Da ist zweitens eine wahrscheinlich von Johnsons Frau Elisabeth erstellte Abschrift von T^1 mit der älteren Maschine, die er vor der IBM benutzt hatte. Diese typographisch relativ schlechte Reinschrift T^2 ist undatiert, zweizeilig und so gut wie ohne Rand geschrieben und enthält handschriftliche Korrekturen von Uwe Johnson und seiner Frau sowie maschinenschriftliche Korrekturen mit der IBM. Drittens gibt es diese Abschrift einmal als Original und einmal als Kopie, und jenes enthält weitere, wahrscheinlich spätere Korrekturen (T^{2a}), z.T. von Elisabeth, z.T. von Uwe Johnsons Hand, unter diesen möglicherweise solche, die er in späteren Jahren, vielleicht noch kurz vor seinem Tod, vorgenommen hat.

T^1: Typoskript von 85 Blättern, numeriert mit 1 bis 78, dazu 7a, 13a, 22a, 35a, 55a, 72a, 74a, datiert mit 28.4.1975 (Blatt 1) bis 16.6.1975 (Blatt 36).

T²: Typoskript von 130 Blättern, numeriert mit 1 bis 126, dazu 27a, 27b, 87a, 91a, undatiert.
L¹: Studiolesung Uwe Johnsons aus T² (S. 1-33) unter dem Titel *Versuch, einen Vater zu finden,* gesendet vom NDR am 23.12.1975.
L²: öffentliche Lesung Uwe Johnsons im Funkhaus Hannover aus T² (S. 66-89) unter dem Titel *Versuch, meinen Vater zu finden,* gesendet vom NDR am 21.2.1978.
N¹: Uwe Johnson: Versuch, einen Vater zu finden. Marthas Ferien. Text und Tonkassette, hg.v. N. Mecklenburg, Frankfurt am Main 1988 (es 1416), S. 7-33 (enthält L¹, also T¹, S. 1-33).
N²: Uwe Johnson: *Zurück in die Heimat und weg aus ihr, in: du. Die Zeitschrift der Kultur, 1992, H. 10, S. 68-71 (Abdruck von T¹, S. 41-58, mit Auslassungen).

Der vorliegenden Edition liegen der gesamte Text von T² und der Schlußteil von T¹ (S. 66-78) zugrunde. Die Abweichungen von T² in den Lesungen L¹⁻² stellen Kürzungen, Ergänzungen und stilistische Veränderungen für den Zweck und aus der Situation des mündlichen Vortrags dar und haben darum – mit einer kleinen Ausnahme (s.u.) – keinen Wert für die Textherstellung. Die Korrekturen von der Hand Elisabeths werden als vom Autor autorisiert behandelt. T¹ wird T² nur dann vorgezogen, wenn als Ursache für eine Differenz ein Abschreibfehler zu unterstellen ist, z.B. wenn die Nichtübernahme einer Randkorrektur aus T¹ in T² nicht als Absicht, sondern als Versehen anzunehmen ist; in Zweifelsfällen wird T² vorgezogen. Die bekannten Eigenarten und Eigenwilligkeiten Uwe Johnsons in Rechtschreibung (»Arbeitlose«) und Zeichensetzung (Kommaeinsparung) sind typoskriptgemäß belassen, nicht jedoch vereinheitlichend ausgedehnt, ausgenommen Ersetzung von ß durch ss in Korrekturen von Elisabeth. Auch gelegentliche »phonetische« Schreibweise niederdeutscher Textstellen (»bannich«) ist nicht schriftgemäß angepaßt, wohl aber die Wiederaufnahme eines niederdeutschen Zitats (»*Wenn Einer dauhn deiht...*«, S. 8 und S. 93). In Zitaten, die Johnson zwar ohne Anführungszeichen oder Kursivierung, jedoch mit deren gelegentlich altertümlicher Schreibweise (»begiebt sich«) eingefügt hat, ist diese beibehalten. Auch erkannte Zitierfehler sind dann beibehalten, wenn damit ein Quellenbezug erschließbar oder belegt ist, z.B. »grobes Unrecht«, »groben Undank« statt richtig »großes Unrecht«, »großen Undank« (S. 53) oder »*synhget*« statt richtig »*synghet*« (S. 68). Sachliche Fehler Johnsons haben keine Korrektur erfahren, wenn eine solche in die Textstruktur eingreifen müßte, z.B. bei der Datierung des SPD-Verbots 1933 einen Monat zu früh und bei der angeblichen »Abwahl« jüdischer Mitglieder des Vorstands (S. 83) oder bei dem Einbau eines Zitats über die »Legion Condor« ein Jahr zu früh (S. 95). Wo Johnson lediglich ein Wort oder eine Zahl hätte ändern müssen, ist der Fehler entsprechend korrigiert, z.B. eine falsche Altersangabe für Gesine (s.u.). In dem folgenden Verzeichnis stammen nicht siglierte Varianten aus T^2.

Seite,	Zeile	
8,	11	Grossherzoglich L^1] Grossherzoglichen
12,	2 v.u.	zu] *eingefügt*
24,	9 v.u.	aber T^1] *eingefügt*
29,	17	mag] mögen
35,	7	seine] sie
40,	5 v.u.	gelernt] gelernt, gelernt T^{1a}
47,	1	einen als zweiten Inspektor T^1] einen zweiten als Inspektor
47,	13	angebrochenen Schild T^1] abgebrochenen Schirm
47,	17	waren T^{2a}] seien T^{1a}
47,	20	als Urteil T^{1a}] *fehlt in* T^2

47,	23	der Seele T^{1a}] *fehlt in* T^2
47,	6 v. u.	Hecht auf einen Brunnen T^{1a}] Hechtbrunnen
48,	15	unterzeichnet T^{1a}] unterschrieben
49,	15	als für gegeben T^{1a}] *fehlt in* T^2
49,	8 v. u.	nahm den Beschluss… zurück T^{1a}] hob den Beschluss… auf
65,	15	schwarze Freitag (25. Okt.) T^{1a}] schwarze Donnerstag
73,	1 v. u.	Wien] Berlin *gestrichen;* Kopenhagen *gestrichen*
85,	23	mehr T^{1a}] *fehlt in* T^2
88,	9 v. u.	einendreiviertel Liter] eine dreiviertel Flasche *gestrichen;* eine Flasche *gestrichen;* einen Liter *gestrichen*
118,	10	zwölf] dreizehn T^1

Bei der Erstellung dieser Edition haben mir durch ihre Mitarbeit Dieter Santesson und Annekatrin Klaus, durch Auskunft und Beistand im Archiv Eberhard Fahlke sehr geholfen. Ihnen sei herzlich gedankt.

Zur gemeinsamen Entstehung von *Heute Neunzig Jahr* und *Jahrestage* Eine philologische Studie

Eine tabellarische Familiengeschichte

Uwe Johnson ist wenige Monate nach Erscheinen des letzten Bandes seines Hauptwerks *Jahrestage*, im Februar 1984, gestorben. Nach seinem Tod fanden sich auf seinem Arbeitstisch Typoskript und Material zu einem neuen Buch, dem sich der Autor nach Abschluß von *Jahrestage* unter dem Titel *Heute Neunzig Jahr* zugewandt hatte. Unter den Erzählprojekten, die er fragmentarisch hinterlassen hat, vor allem das Romanvorhaben *Marthas Ferien* und den Zyklus *Insel-Geschichten,* versprach *Heute Neunzig Jahr* am ehesten eine zügige Fertigstellung, da dieses das am weitesten ausgearbeitete war und zudem aufs engste mit dem gerade abgeschlossenen Hauptwerk zusammengehörte.

Johnson nutzte dafür eine Reise nach New York im September 1983, machte sich dort eine Reihe von Aufzeichnungen und erwog bereits Formulierungen für eine Verlagsankündigung, auch andere Titelmöglichkeiten: »Erinnerungen an die Familie« und »Zeitgenossen 1888-1978«.[1] In einem Ende 1983 verfaßten Vorschautext für den Verlag stellte er das Projekt unter dem Titel *Heute Neunzig Jahr. Die Geschichte der Familie Cresspahl* vor. Das Erscheinen des Buches kündigte dann der Suhrkamp Verlag bereits für den Herbst 1984 an:

»Eine Familiengeschichte vom Oktober 1888 bis zu jenem Winter, 1978, in dem im Norden Deutschlands noch einmal Panzer, Hubschrauber und Düsenjäger benutzt wurden zum Wohlbefinden von

---

1 Notizheft »Three in One« (Nov. 1983), S. 13, 20.

Menschen; so viel Schnee war gefallen, erinnern Sie sich? Anfangs ist es eine Spurensuche, die eine Gesine Cresspahl betreibt nach der Kindheit ihres Vaters im vorigen Jahrhundert; unausweichlich wird sie Zeuge des nächsten, in dem ›Willy Zwo‹ wie diverse ›Führer‹ und ›Vorsitzende‹ es schwer machen für ihre Leute, als Nachbarn und Freunde zu leben, auch ruhigen Gewissens. Mit wem immer ein Junge aus dem ›Dreikaiserjahr‹ zu tun bekommt in seinem Leben und über den Tod hinaus, sie alle sollen hier versammelt sein, in ländlicher Gegend an der Müritz, in einer südlichen Vorstadt von London wie dereinst in New York City, mit dem zuverlässigen Heimweh nach Mecklenburg. Hier sind ihre Umzüge (in zweifacher Bedeutung), ob nun Kriege gefällig waren oder im Anblick einer Baumblüte gelegentlich die Empfindung, ein Dasein auf der Erde verlohne sich. Ob es am Ende bleibt bei der Enkelin Marie, ›den letzten beiden Augen Cresspahls‹, hier wäre es zu erfahren.«[2]

Von dieser Arbeit, die ein »tabellarischer Lebenslauf der gesamten Familie Cresspahl seit 1888« werden sollte, versicherte Johnson in einem Rundfunkinterview, er habe sie bereits »zur Hälfte geschrieben«.[3] Diese Ankündigung und das im Nachlaß befindliche Material werfen einige Fragen auf. Die seit den frühen siebziger Jahren am heißesten brennende Frage in der Johnsongemeinde, die auch das Erscheinen des letzten Bandes der *Jahrestage* nicht abkühlen konnte, lautet: Was wird nach dem 20. August 1968, dem Datum von deren Schlußkapitel, aus Gesine und Marie Cresspahl, die sich auf der Reise nach Prag befinden, unmittelbar bevor dort die Panzer des Warschauer Pakts einrücken? So gewiß der fertige Text *Heute Neunzig Jahr* darüber hätte Auskunft geben müssen, die Manuskripte und Materialien im Nachlaß lassen uns hier im Stich. Johnsons Erfahrungen mit *Jahrestage*-Kritikern und -Lesern, die allerlei Ortsangebote für ein Leben

---

2 Beigefügt einem Brief Johnsons an den Suhrkamp Verlag v. 24.11.1983, veröffentlicht in der Taschenbuch-Vorschau für 1984.
3 Interview durch Hans Daiber, in: Johnsons *Jahrestage*, hg.v. M. Bengel, Frankfurt am Main 1985, S. 132.

Gesines in Deutschland vorbrachten, und seine Versteckspielpassion machten ihn in diesem Punkt besonders verschwiegen – bis auf ein wiederum recht versteckspielerisches *Interview mit Marie H. Cresspahl* von 1972. Darin wird mitgeteilt, daß Marie ohne Gesine aus Prag zurückgekehrt sei und daß diese ihr einmal im Monat schreiben dürfe.[4] Mehr ist aus sehr indirekter Quelle, einem Interview mit Helen Wolff, mit entsprechender Vorsicht zu entnehmen: Gesine kommt in Prag ins Gefängnis, Marie lebt bei Anita in Berlin, läuft weg, erlebt sich als Fremde in Deutschland.[5] Diese und ähnliche Hinweise, so vage sie sind, erlauben zumindest die Vermutung, daß Johnson seit Festlegung des Titels *Heute Neunzig Jahr* die Lebensläufe der Cresspahls bis 1978, vielleicht darüber hinaus, bereits komplett im Kopf beisammen gehabt hat. Die Arbeitsmaterialien indessen schweigen, sie enthalten keine deutlichen Ansätze zur Fortschreibung der Lebensgeschichte Gesines und ihrer Tochter. Da gibt es eine Notiz: »1974 in England: Jessica« – vielleicht Marie betreffend. Auf einem anderen Blatt wird für ein »allerletztes Kapitel« Gesines Rückkehr – aus dem Prager Gefängnis? – nach New York City auf den Sommer 1975 datiert und zugleich ein Begrüßungsdialog zwischen Autor und Figur skizziert:

»– Jetzt haben Sie es also gelesen, Mrs Cresspahl. Jetzt sind Sie zurück. Sind Sie es zufrieden, dass das Buch gerade jenes Jahr nahm und nicht eines der folgenden?
– Das ist sie zufrieden. Das bin ich zufrieden.«

Das dürftige Material zeigt: Johnson hatte für dieses Projekt 1983/84 noch nicht viel Zeit gefunden, als sein Tod die Arbeit daran abbrach. Auch ist das für *Heute Neunzig*

4 Ebd., S. 73-88; hier S. 86.
5 Interview mit Helen Wolff, in: Liselotte Mielau Davis: History and Narrative Structure: *Ut mine Stromtid* by Fritz Reuter and *Jahrestage* by Uwe Johnson, Phil. Diss. Yale University 1986, S. 249.

Jahr sichergestellte Nachlaßmaterial großenteils mit *Jahrestage*-Material identisch. So findet sich zwar ein Notizzettel mit den Jahreszahlen »1888-1978«, aber ein Deckblatt für andere Jahresnotizblätter hat noch die zum abgeschlossenen Hauptwerk gehörende Aufschrift »1888-1968«. Schon sehr früh hat Johnson solche Jahrestabellen für sein Projekt skizziert. Bereits auf einer Liste von 1964 taucht das Stichwort »1946 Fünfeichen« auf.[6] Einzelne Daten sind auf Karteikarten notiert, z.B. »12. August 1952 Erschiessung jüdischer Schriftsteller in der Sowjetunion«. Auch Daten über Politiker, z.B. Stalin oder Adenauer, sind tabellarisch zusammengestellt.

Während also das Schicksal Gesines seit dem 20. August 1968 weitgehend offenbleiben muß, lassen sich in Hinblick auf andere Fragen, die *Heute Neunzig Jahr* aufwirft, einige Hypothesen und Gewißheiten gewinnen. In welchem stofflichen und poetischen Verhältnis steht diese Cresspahl-»Familiengeschichte« zu derjenigen, die, mehr als drei Jahrzehnte umspannend, bereits in *Jahrestage* episch ausgebreitet ist? Worauf richtete sich Johnsons Arbeit an dem Projekt 1983/84, und aus welcher Zeit datiert das damals bereits »zur Hälfte« Geschriebene? Wie sieht eine erschließbare Entstehungsgeschichte von *Heute Neunzig Jahr* aus, und wie hängt sie mit derjenigen von *Jahrestage* zusammen? Diesen Fragen soll im folgenden nachgegangen werden. Die entstehungsgeschichtliche Untersuchung soll Licht auf die Arbeitsweise Johnsons werfen und damit dem genaueren Verständnis sowohl dieses in mehrfacher Hinsicht merkwürdigen Nachlaßtextes als auch des Johnsonschen Hauptwerks dienen.

6 Diese Liste befindet sich auf der Rückseite eines Manuskriptblattes zu dem Fragment *Neuigkeiten von Cresspahls Tochter*. Der Text selbst wurde veröffentlicht in: Uwe Johnson »Wohin ich in Wahrheit gehöre«. Ein Uwe Johnson-Lesebuch, hg. v. S. Unseld, Frankfurt am Main 1994, S. 93 f.

Das Typoskript auf Johnsons Arbeitstisch, das inhaltlich dem Projekt *Heute Neunzig Jahr* entspricht, stellt die korrigierte, jedoch unvollständige Abschrift (T^2) eines weiteren unvollendeten Typoskripts (T^1) dar, das sich bei den Typoskripten seiner veröffentlichten Bücher fand.[7] Ein genauer Vergleich ergibt zweierlei: Beide sind nicht etwa 1983/84, sondern bereits 1975 erstellt worden, und zwar T^2 als Abschrift von T^1, die vermutlich Johnsons Frau Elisabeth angefertigt hat. Beide reichen stofflich nicht über *Jahrestage* hinaus, sie verbleiben vielmehr im Zeitbereich des dritten Bandes. Sie brechen aber an unterschiedlichen Stellen ab, T^1 mit dem Jahr 1946, T^2 bereits mit dem Jahr 1942. Nach 1975/76 ist, abgesehen möglicherweise von einzelnen der handschriftlichen Korrekturen in T^2, weder neuer Text entstanden noch die Abschrift weitergeführt worden. Ungewiß ist, ob eine Abschrift des restlichen Teils von T^1 nicht mehr erfolgt oder verlorengegangen ist.

Was am meisten auffällt, ist die weitgehende stoffliche Identität dessen, was in *Heute Neunzig Jahr* und in *Jahrestage* über dieselbe Zeit, nämlich von 1931 bis 1946, erzählt wird. Gewiß gehört das Verfahren der epischen Variation zu einer fortgeschrittenen Stufe zyklischen Erzählens, auf der Johnsons Werk wie das seines Meisters Faulkner zweifellos steht. Wiedererzählen von schon Erzähltem vermag den Realitätseffekt beträchtlich zu verstärken. Doch können die Varianten einander auch ins Gehege kommen, z.B. wenn sie entstehungsgeschichtlich weit auseinanderliegen. Die meist unauffälligen, aber zahlreichen Unstimmigkeiten und Abweichungen zwischen *Jahrestage* und den beiden Manuskripten machen die Intention, die der Autor 1983, also nach Vorliegen des vollständigen Textes von *Jahrestage,* mit *Heute Neunzig Jahr* verbunden haben könnte, zu einem Rätsel. Die genauere Analyse von Paral-

7 Nach brieflichen Mitteilungen von Raimund Fellinger (Suhrkamp Verlag) v. 28.2.1986.

lelstellen, die im übernächsten Abschnitt vorgenommen wird, kann die überraschende Hypothese erhärten, daß der nachgelassene Text in seinem Kernbestand nicht als Fortschreibung, vielmehr umgekehrt als »Vorstufe«[8] von *Jahrestage* anzusehen ist, die Johnson in der vorliegenden Form unter normalen Umständen wohl kaum zur Veröffentlichung gegeben hätte.

So kann vielleicht allein ein biographischer Begleitumstand dieses Rätsel aufhellen. Als Johnson den letzten Teil der Druckvorlage zu *Jahrestage* 4 im April 1983 fertiggestellt hatte, war zu befürchten, bei ihm könnte das Triumphgefühl, »das fast schon Aufgegebene doch noch geleistet zu haben«, in ein Gefühl von »Niedergeschlagenheit und Leere« umschlagen.[9] Um einer neuen Schaffenskrise vorzubeugen, drang Siegfried Unseld, der die bei diesem Autor wohl gleich schwierigen Rollen des Verlegers und des Freundes auszubalancieren hatte, »in ihn, möglichst sofort eine neue Arbeit zu beginnen«.[10] Hieraus ergab sich zwischen beiden eine Wette, bei der jeder sein Teil in der Hinterhand gehabt haben dürfte. Sie ging darum, ob Johnson so rechtzeitig ein neues Manuskript würde erstellen können, daß das Buch bereits zum Herbst 1984 erscheinen könnte. Daraufhin wandte er sich dem Projekt *Heute Neunzig Jahr* zu. Denn allein dieses ließ sich in der vereinbarten Frist vielleicht realisieren, war es doch schon »zur Hälfte geschrieben«. Mit dieser »Hälfte« hat Johnson zweifellos den Text von 1975 gemeint. Dessen Abschrift umfaßt als Typoskript etwas mehr als die Hälfte des Umfangs von »ca. 250 Seiten«, den er für das fertige Buch ankündigte.[11] Das als Text Vorhandene stellt die Cresspahl-

---

8 Siegfried Unseld: Uwe Johnson als Partner seiner Figuren. Anmerkungen zur Poetologie. In: Poetik. Essays zu den Frankfurter Poetik-Vorlesungen, hg. v. H. D. Schlosser u. H. D. Zimmermann, Königstein/Ts. 1988, S. 83.
9 Ebd., S. 82.   10 Ebd., S. 83.   11 Vgl. Anm. 2.

Geschichte von 1888 bis in die vierziger Jahre dar, also knapp sechzig Jahre. Das noch Fehlende hätte, auf ca. 125 Seiten, die gut zwanzig Jahre bis 1968 ergänzen müssen, die schon in *Jahrestage* behandelt sind, und dazu die zehn Jahre von 1968 bis 1978.

Der Schreibbeginn war nach T¹ am 28. April 1975 in Sheerness-on-Sea, also einige Monate nach Johnsons Umzug von Berlin auf die Themseinsel Sheppey. Die Datierung endet nach dem 16. Juni und zeigt damit wohl den vorübergehenden Abbruch der Arbeit an, den ein Herzinfarkt Johnsons erzwang. Im Herbst 1975 ging, wie Briefzeugnisse belegen, die Arbeit, gemeinsam mit Elisabeth Johnson, an dem Text weiter.[12] Wann dieser unabgeschlossen weggelegt wurde, ist ungewiß. Bereits am 23.12.1975 sendete der NDR eine Studiolesung Johnsons, welcher der Anfangsteil von T² – mit geringfügigen Änderungen – zugrunde lag.[13] Weitere Rundfunklesungen folgten später. Auf einer Amerika-Reise im Spätherbst 1976 las er gleichfalls aus dem Manuskript vor.[14]

Im folgenden Abschnitt schließen sich an eine Analyse von Textstruktur und Erzählweise Überlegungen zur möglichen Schreibintention Johnsons 1975 an. Darauf folgt, zur Begründung der aufgestellten Hypothese, wonach *Heute Neunzig Jahr* eine Vorform der *Jahrestage* bildet, eine Untersuchung der Parallelstellen zwischen Nachlaßtext und *Jahrestage*. Aus ihr wird eine Sicht auf die Entstehungsgeschichte des Textes abgeleitet, die ihn als Arbeitstext in einen engen Zusammenhang mit *Jahrestage*

---

12 Brief v. 27.11.1975 an Familie Hensan.
13 Uwe Johnson: Versuch, einen Vater zu finden. Marthas Ferien. Text und Tonkassette, hg. v. N. Mecklenburg, Frankfurt am Main 1988, Nachwort, S. 74 f.
14 »Die Katze Erinnerung«. Uwe Johnson – Eine Chronik in Briefen und Bildern, zusammengest. v. E. Fahlke, Frankfurt am Main 1994, S. 277.

rückt und dabei drei Arbeitsphasen unterscheidet: 1963-1969, 1970-1975, 1976-1984. Im Schlußabschnitt wird der Text dann aufgrund seiner Gesamtstruktur, seiner Besonderheiten und seiner Beziehungen zu *Jahrestage* als Zeugnis einer bestimmten Entwicklungsstufe des über zwei Jahrzehnte sich erstreckenden Cresspahl-Projekts interpretiert und bewertet.

Die Kette der Jahre mit ihren dummen Sprüchen

Bei *Heute Neunzig Jahr* handelt es sich um eine teils historisch-biographische, teils autobiographische Ich-Erzählung. Gesine Cresspahl erzählt das Leben ihres Vaters und ihr eigenes: von Heinrichs Geburt im »Dreikaiserjahr« 1888 als Stellmachersohn auf einem adligen Gut in Mecklenburg, seiner Kindheit auf dem Lande, einer Tischlerlehre in der Kleinstadt Malchow, über seine Teilnahme am Ersten Weltkrieg, an Revolution und Widerstand gegen den Kapp-Putsch, seinen Weggang aus einer unheimatlichen Heimat, zuerst als Wanderarbeiter nach Nordwestdeutschland, dann in die Niederlande und nach England, Liebesbeziehungen mit Mina Goudelier und Elizabeth Trowbridge, seine Etablierung als Tischler in Richmond bei London gegen Ende der zwanziger Jahre bis zu den Ereignissen, die wir aus der Vergangenheitserzählung in *Jahrestage* kennen: Cresspahls Heirat mit Lisbeth Papenbrock, Geburt Gesines im gerade errichteten »Dritten Reich«, Umzug von Richmond nach Jerichow, Lisbeths seelische Krankheit und ihren Tod in der Pogromnacht 1938, das schwierige Leben von Vater und Tochter in der Kriegs- und unmittelbaren Nachkriegszeit.

Erzählt werden diese »Jahre individueller und öffentlicher Geschichten, gesehen durch die Erfahrung (statt durch Temperament) einer Person«[15], der Erzählerin Gesine, in enger Parallelführung und Verflechtung des Privaten und des Politischen, wie wir es von *Jahrestage* her kennen. Der hauptsächliche Unterschied besteht – außer dem Fehlen der New-York-Ebene und dem fast völligen Fehlen von Marie, die mit ihren Fragen Gesine zum Erzählen über die Mecklenburger Vergangenheit anstiftet – in der gedrängten, raffenden, annalistischen Erzählweise, die epische Ausbuchtungen der Chronik nicht zuläßt, wie sie für *Jahrestage* charakteristisch sind. Dadurch nimmt sich die Darstellung der Jahre 1931 bis 1942 bzw. 1946 wie ein Konzentrat, eine Kurzfassung von *Jahrestage* aus.

Die Situation der Erzählerin ist nur andeutungsweise bestimmt. Doch die wenigen Hinweise genügen, um zu erkennen, daß die Rahmenfiktion nicht dem neuen Projekt von 1983 entspricht – Gesine 1978, allein lebend, neunzig Jahre Familiengeschichte resümierend –, daß sie vielmehr mit derjenigen von *Jahrestage* weitgehend identisch ist: Gesine 1967/68 mit ihrer Tochter Marie in New York (41, 112), befreundet mit Dietrich Erichson, genannt D.E. Diese Datierung ergibt sich indirekt, doch zwingend aus einer Erwähnung der Ermordung Trotzkis 1940: »Vom Mörder heisst es, er lebe da, wohin ich reise.« (106) In *Jahrestage* hat Gesine vor, nach Prag zu reisen; der Trotzki-Mörder Mercader aber soll nach seiner Entlassung als »Staatspensionär der UdSSR in einem kleinen Dorf bei Prag« gelebt haben.[16]

In deutlichem Unterschied zur dialogischen Erzähl-

15 Notizheft »Three in one« (Nov. 1983), S. 14. – Vgl. Émile Zolas Formel: »Une Oeuvre d'art est un coin de la nature vu à travers un tempérament.«

16 So konnte Johnson es in der Trotzki-Biographie von Harry Wilde (Reinbek 1969) gelesen haben, aber dort steht auch, daß Mercader später bis zu seinem Tod in Belgien gelebt habe. Also hat Johnson die Nachricht wohl aus einer früheren Quelle, und seine Gesine ist nicht mehr auf dem laufenden.

situation von *Jahrestage* jedoch ist jene im dem Text von 1975 monologisch: Die Tochter Marie gibt es weder als »Auftraggeber«[17] noch als täglichen Gesprächspartner. Nur an einer Stelle findet sich direkte Einrede einer zuhörenden Person in der Art, wie Marie in *Jahrestage* spricht, aber der weitere Text ist wieder ganz monologisch, und von Marie wird in der dritten Person geredet (41). Auffällig ist allerdings, daß die »offene« Beziehung mit D. E. von Gesine einmal wie im Rückblick angesprochen wird (69) und daß der Anfang gegenüber der ersten Niederschrift von T^1 eine leichte Korrektur erfahren hat. Zuerst hieß es: »1888. 1938. 1968. Damals. Jetzt.« In T^2 heißt es: »1888. 1938. 1968. Damals.« Doch ist für Gesines Erzählzeit ein späteres Jetzt als das von 1968 nirgendwo sonst im Text zu erkennen. Ein solches zeichnet sich allenfalls in der Vergangenheitsform des Satzes ab: »wie ich leben wollte mit D.E.« (69) Im Nachlaß befindet sich ein Blatt mit Notizen, die einen Rückblick Gesines auf ihr Leben mit D.E. und daran anknüpfende Gedanken über Liebe, Ehe, Treue skizzieren.

Gesines monologisch memorierendes Erzählen speist sich gleichermaßen aus persönlicher Erinnerung wie aus historischen Wissensbeständen. Entsprechend bewegt es sich zwischen den beiden extremen Polen eines fast lyrischen Protokollierens persönlichster Wahrnehmungen (94f.) und eines nüchternen Aufreihens politisch-historischer Ereignisse. Um das Gerüst, das die »Kette der Jahre« (7) abgibt, baut sich ein annalistisches Erzählen auf. Im Mittelteil des Textes über die Jahre 1914 bis 1930 entspricht die Kapitelzahl fast genau der Zahl der Jahre, wäh-

---

17 Uwe Johnson: Jahrestage. Aus dem Leben von Gesine Cresspahl, Bd. 1-4, Frankfurt am Main 1970, 1971, 1973, 1983, hier Bd. 2, S. 671. – Zitate aus *Jahrestage* werden im folgenden nur mit der Bandin römischen und der Seitenangabe in arabischen Ziffern dem Text in Klammern eingefügt.

rend der mehr raffende Anfangsteil weniger, der mit *Jahrestage* parallellaufende Schlußteil mehr, fast doppelt so viele Kapitel wie Jahre umfaßt. In diesen annalistischen Rahmen sind ein beachtliches historisches Schulwissen aus frühen DDR-Jahren und beträchtliche später erworbene Kenntnisse eingehängt. Als leitende Intention, die das heterogene Material sichtet und sortiert, ist ganz wie in *Jahrestage* ein doppelter Impuls der Erzählerin erkennbar. Der eine besteht in ihrem Versuch, Leben, Denken und Handeln ihres Vaters zu verstehen, vor allem, warum er den für *ihr* Leben folgenreichen Entschluß faßte, in Nazi-Deutschland, nicht in England zu leben, aber auch, warum er zuvor aus Deutschland weggegangen war. »Er hatte nun einen Weg angefangen, der brachte ihn weg aus Deutschland.« (47) Der andere ist ein der Textstruktur eingelagerter, umfassender und bohrender politisch-moralischer Diskurs über die deutsche und internationale Geschichte, der den verhängnisvollen Wendungen auf dem Weg vom Ersten zum Zweiten Weltkrieg, vom wilhelminischen zum Hitler-Reich nachgeht, der den Stalinismus von seinen frühen Symptomen an registriert und besondere Aufmerksamkeit dem Versagen der beiden deutschen Parteien der Arbeiterbewegung widmet.[18] Warum Cresspahl seit 1922 nicht mehr SPD-Mitglied sein wollte, wird freilich wie in *Jahrestage* auch hier (50) von Gesine nicht restlos aufgeklärt. 1922/23 war die Zeit, in der die SPD die Chance für eine gesellschaftsverändernde Rolle in der Weimarer Republik in der Tat verspielte.[19] Als durchgehendes Motiv zeichnet sich eine kritische Abrechnung Gesines mit ihrem

---

18 Kritik an den Sozialdemokraten z.B. 35, 50, 52, 58, 64, 65; Kritik an den Kommunisten z.B. 48, 49, 58, 63, 65, 67f., 74, 80, 87, 90f., 100, 101, 114.
19 Arthur Rosenberg: Geschichte der Weimarer Republik, Frankfurt am Main 1961, S. 135 f.

in der DDR-Schule erworbenen ideologieverzerrten Wissen über deutsche Geschichte im 20. Jahrhundert ab.

Wiederholt beruft sie sich beim Versuch, ihren Vater zu finden, auf diesen selbst als primäre Quelle, sei es in Form von Gesprächen, sei es in schriftlicher Form, z. B. in Briefen. Auch befindet sie sich merkwürdigerweise im Besitz eines von Cresspahl nach seiner Verhaftung auf Anweisung seiner sowjetischen Vernehmer 1946 niedergeschriebenen Lebenslaufs und bedient sich daraus (19 f.). Ein »Lebenslauf aus dem Gefängnis« (55) – das hätte dann auch eine passende Erzählsituation für sie selbst nach 1968 abgeben können.

Die stilistischen Grundzüge des Textes lassen sich zwar subjektiv aus der Situation der Erzählfigur ableiten, aber sie konstituieren zugleich eine objektive poetische Gestalt historischen Erzählens. So steigert, wenn Gesine ständig nach dem Geltungsgrad ihrer Recherchen zum Leben ihres Vaters fragt, gerade das den Realitätseffekt des aus Fakten und Vermutungen zusammengesetzten historisch-biographischen Mosaiks. Paradoxerweise kann eine Frage: »Cresspahl mit den Tressen des Unteroffiziers?« (37) in T^2 dann suggestiver wirken als eine Feststellung in T^1: »Cresspahl zum Unteroffizier befördert.«

Gelegentliche Vorausblicke geben durch ihren elegischen oder sarkastischen Ton die Beteiligung der Erzählerin kund und halten zugleich den im Erzählten mitlaufenden politisch-moralischen Diskurs gegenwärtig:

»Auch Richmond wird er verlieren, ein Jerichow wird ihm aufgenötigt werden, da soll ihm noch Hören und Sehen vergehen, da wird er sterben verlassen.« (70)
»In Spanien war Krieg, da flog der Sohn aus Brüshavers erster Ehe mit der Legion Condor, für den hoffte der Vater auf die Kommandantur des Fliegerhorstes Mariengabe, den wird er zurückkriegen in einer zugelöteten Zinkkiste.« (89)

Verschiedenartige Querverbindungen sind über längere
Textstrecken hinweg gezogen: z.B. Abschaffung der Gesindeordnung als Forderung der SPD von 1890 (11), als
Ergebnis der Revolution von 1918 (43); oder mecklenburgische Territorialherrschaft in 19. Jahrhundert und später
üppige Fürstenabfindung statt Enteignung, echoartig verbunden durch das Gedichtzitat: »Gott segne Friedrich
Franz,/Und seiner Krone Glanz/Trübe sich nie.« (13, vgl.
53) Das sind vom übergeordneten Diskurs gesteuerte
Verknüpfungen im Bewußtsein der Erzählerin, zugleich
Mittel des Autors, dem Text eine erhöhte poetische Konsistenz zu geben. Dazu tragen auch die häufigen niederdeutschen Zitate, Sprichwörter, Schnacks bei, unter ihnen die
von Gesine wie von Johnson geliebten Sprüche, in denen
»de Jung« Witzig-Weises »säd«. »Wat is de Welt grot! sä de
Jung: Hinner Crivitz sünt ook noch Hüser!« So einen
Spruch seiner Sammlung einzuverleiben versäumte Johnson nicht, selbst wenn er ihn bei einem Johnson-Interpreten fand.[20]

Die zahlreichen über den Text verstreuten und in ihm
kursiv abgesetzten Zitate aus Ideologen- oder Volksmund,
Dokumenten und Poemen, Reklame und Schlagerindustrie, Zeitgeschichte und Alltagskultur, Politik und Region
reichern Gesines Erinnerungen und Recherchen mit Elementen der historisch-sozialen Redevielfalt zeittypisch-symptomatisch an und tragen zur Physiognomie der Jahreszahlen bei, indem sie das Assoziationsnetz des Lesers
ansprechen. Diese Zitate bilden oft das pointierende und
abrundende Ende eines Kapitels. Johnson suchte systematisch nach solchen »wahrsagenden, witzelnden dummen
Sprüchen«, mit denen er den ganzen Text durchsetzen
wollte, »um die persönliche Zeitgenossenschaft zu verbin-

---

20 Notiz im Nachlaßmaterial; vgl. Norbert Mecklenburg: Leseerfahrungen mit *Jahrestage*, in: Text + Kritik H. 65/66 (Jan. 1980), S. 60.

den mit der gesellschaftlichen«.[21] So fragte er 1975 Rudolf Augstein nach geflügelten Worten der Jahre 1953 bis 1966 (das Projekt bewegte sich damals also noch ganz im *Jahrestage*-Rahmen) nach dem Muster *Zwei Worte, ein Bier*.[22] Und ein Jahr später fragte er bei Max Frisch an, auf welches Jahr er wohl den westdeutschen »An- und Ausspruch« *Wir sind wieder wer* schätzen würde.[23] Er notierte sich mit Jahresindex versehene mehr oder weniger markante Aussprüche westdeutscher Politiker, z.B. »1958 HEUSS im Manöver: ›Nun siegt man schön!‹« Johnson suchte mit diesem Verfahren das »Gerüst der öffentlichen Redensart« für jedes Jahr um »mindestens eine vom Volksmund adoptierte amtliche oder auch nur alberne Redensart« fortzuführen, erklärtermaßen auch eine Wissenslücke zu kompensieren, die darin bestand, daß er selbst erst seit 1959, also sechs Jahre später als Gesine, das »öffentliche Bewusstsein der Bundesrepublik« hatte studieren können.[24]

Anderes zeitsymptomatisches Material fand Johnson mittels wiederholter intensiver Durcharbeitung aller Art von Literatur zur Zeitgeschichte. So wird der Text zu einem Puzzle, bei dem ein möglichst vollständiger Herkunftsnachweis für die einzelnen Bestandteile, wenn er denn sinnvoll ist, allererst mittels systematischer Datenverarbeitung gelingen könnte. Hier nur zwei Beispiele für viele: Wie es Cresspahl im Ersten Weltkrieg erging, darüber weiß Gesine besonders wenig. Mehr läßt sich über seine Landesherrschaft sagen:

»der Herzog Johann Albrecht zu Mecklenburg hilft zum Sedanstag in Königsberg/Pr. die deutsche Vaterlandspartei für den Siegfrieden gründen; besucht an diesem 2. September eine Etappen-Formation

21 Brief an E. Klemm v. 19.11.1975.
22 Brief an Rudolf Augstein v. 27.1.1975.
23 Brief an Max Frisch v. 12.6.1976.
24 Brief an Joachim Lehmann v. 17.1.1976.

im Osten und speist im Offizierskasino: Klare Bouillon mit Fleischklösschen, Karpfen blau mit Merrettich und Salzkartoffeln, Geflügel, Rindfleisch mit Kompott, süsse Speise, Kaffee und Kuchen, Zigarren und Liköre. Neben seinem Namen unter dem Partei-Aufruf steht: ›Im Felde‹.« (36f.)

Das hat Gesine als Lesefrucht nicht etwa in großherzoglicher Kriegshistorie, sondern bei dem schärfsten literarischen Kämpfer gegen den deutschen Militarismus gefunden, der aus höchstpersönlichem Leid (er aß sehr gern) den Klassencharakter des Krieges besonders drastisch beim Thema Verpflegung zu enthüllen wußte.[25]

Ein zweites Beispiel: Für die Sprache des ›Dritten Reichs‹ mit ihren Leitwörtern, Sprüchen und Parolen hat Johnson u.a. Victor Klemperers Buch *LTI* ausgiebig herangezogen.[26] Das reicht von einzelnen Wörtern wie ›blindlings‹ (90, *LTI* 161), ›total‹ (90, *LTI* 231), ›coventrieren‹ (104, *LTI* 134f.) über Ausdrücke und Formeln wie Hitler als ›Werkzeug der Vorsehung‹ (93, *LTI* 121), ›großdeutsche Weihnacht‹ (99, *LTI* 118), ›Kohlenklau‹ (112, *LTI* 91), ›Feind hört mit‹ (120, *LTI* 94) oder ›Festung Europa‹ (113, *LTI* 173ff.) bis zu Goebbels- und Hitleraussprüchen: »*Wir brauchen nicht zu wissen was der Führer tun will – wir glauben an ihn.*« (104, *LTI* 122) »Und Goebbels fährt durch die zerbombten Städte, ›neu aufgeladen‹ fühlt er sich, *unsere brennenden Städte sind Fanale am Wege zur Vollendung einer besseren Ordnung*« (115, *LTI* 165, 272) »*Napoleon hat vor Moskau bei 25 Grad gekämpft, der deutsche Soldat kämpft bei 52 Grad!*« (107, *LTI* 231)

---

25 Kurt Tucholsky: Verpflegung, in: K.T.: Gesammelte Werke, hg. v. M. Gerold-Richolsky u. F.J. Raddatz, Reinbek 1960, Bd. 1, S. 133 (zuerst u.d. Pseudonym Ignatz Wrobel in: Die Weltbühne v. 23. 1. 1919, S. 88).
26 Victor Klemperer: LTI. Notizbuch eines Philologen, 3. Aufl., Halle 1957; von mir zitiert nach der Reclam-Ausgabe Leipzig, 13. Aufl. 1995 (Reclam-Bibliothek Bd. 278).

»Wien wird wieder deutsch, Berlin bleibt deutsch und Europa wird niemals russisch« (117, *LTI* 243). Klemperers sprachkritischem Notizbuch hat Johnson auch entnommen: daß 1935 in Mecklenburg Dörfer »das ›Wendisch‹ aus ihrem Namen verloren« (88, *LTI* 87); daß Göring ›Meier‹ genannt wurde (104), warum, erfährt man jedoch nur bei Klemperer (*LTI* 137); daß Galgenhumor den Judenstern *Pour le Sémite* nannte (108, *LTI* 181); daß der Tierschutzverein ein Blatt »Deutsches Katzenwesen« herausgab, aber warum dieses auch noch unter dem lächerlichen Titel »Zentralblatt« (89) bei Johnson erscheint, erfährt man wiederum nur in *LTI* (109). Über Klemperer geht Johnson jedoch mit seiner sprach- und ideologiekritischen Sammlung in *Heute Neunzig Jahr* dadurch entscheidend hinaus, daß er neben die Sprüche des nationalsozialistischen die des stalinistischen Systems stellt.

Die weitgehende inhaltliche Übereinstimmung einerseits, die angedeuteten strukturellen Differenzen andererseits zwischen *Jahrestage* und *Heute Neunzig Jahr* werfen die Frage auf, welche Intentionen Johnson bei der Erarbeitung von T^1 und T^2 geleitet haben mögen. Im Sommer 1975 erlitt der Autor eine »Beschädigung der Herzkranzgefässe«, die begleitet war von einer »Beschädigung des Subjekts« als »Medium der schriftstellerischen Arbeit«, was jahrelange »Schreibhemmung« und »Depression« zur Folge hatte.[27] Vor allem brach die Arbeit am vierten Band von *Jahrestage* ab, der 1975 bereits zu etwa einem Drittel fertig gewesen sein dürfte. Johnson datiert den Abbruch nach Juni 1975. Das ergäbe die ganz unwahrscheinliche Konsequenz, daß der Autor von April bis Juni 1975 *gleichzeitig* an *Jahrestage* und an T^1 gearbeitet hätte. Wahrscheinlicher ist jedoch, daß die Arbeit an T^1 erst begonnen wurde, als die am Hauptwerk schon ins Stocken gekom-

27 Uwe Johnson: Begleitumstände. Frankfurter Vorlesungen, Frankfurt am Main 1980, S. 451 ff.

men war, was bereits vor dem April 1975, sogar *vor* dem Umzug von Berlin nach Sheerness der Fall gewesen war. Die Schreibkrise traf primär die Arbeit am vierten Band von *Jahrestage* und ließ den Autor darum vermutlich auf eine andere Arbeit ausweichen, die er zum Cresspahl-Projekt zählte – darum wohl eine Datierung, welche die Unterbrechung der Arbeit an T¹ mit der am Hauptwerk gleichsetzte.

Worin aber bestand die Motivation für diese Arbeit? Wenn Johnson 1974/75 in Hinblick auf *Jahrestage* einer Schreibblockade verfiel, lag es da nicht nahe, als selbsttherapeutische Übung, als Sicherung des im Kopf bereits weitgehend Fertigen, aber noch nicht vollständig schriftlich Fixierten zunächst die Arbeit an der einfacheren Erzählvariante nach dem annalistischen Prinzip aufzunehmen? Zumal wenn diese Variante in irgendeiner Form, vielleicht als Arbeitsgrundlage für frühere *Jahrestage*-Teile, bereits existierte, wenn T¹ also nicht als neuer Text, sondern als Bearbeitung eines vorhandenen entstand? Und wenn der Autor in dieser schweren körperlich-seelischen Krise sein Leben, zumindest dessen Dauer und damit die Vollendung seines Hauptwerks bedroht sah, lag es da nicht gleichfalls nahe, vorsorglich und ersatzweise eine Version zu bearbeiten, die raschere Fertigstellung versprach, oder sie so auszuschöpfen, daß von dem Gesamtkomplex der Cresspahl-Geschichte so viel wie möglich als Text fixiert war?

Für diese Annahmen spricht, daß Johnson bei Lesungen aus T² das jeweils unter dem Titel *Versuch, (m)einen Vater zu finden* Vorgelesene wiederholt als Teil des geplanten vierten Bandes vorgestellt hat.[28] Wenn er damit nicht nur nach außen demonstrieren wollte, die blockierte Arbeit an *Jahrestage* sei keineswegs aufgegeben, dann muß Johnson

---

28 Lesungen im NDR (Funkhaus Hannover), gesendet am 23.12.1975 und am 21.2.1978.

zeitweilig erwogen haben, diesen Text tatsächlich, wenigstens teilweise, in *Jahrestage* zu integrieren. 1975/76 sprach er in Briefen wiederholt von einem »Nachwort«, mit dem er *Jahrestage* »beschweren« wolle[29] und in dem »Gesine Cresspahl ihres Vaters Vergangenheit, und die eigene, nach Jahren sortiert«.[30] Denken mochte er auch an eingeschobene, raffend-rekapitulierende Abschnitte, wie sie für den vierten Band dann tatsächlich nicht untypisch sind. Seine NDR-Lesung des Anfangsteils von T², der Jugendgeschichte Cresspahls, ließ er als Schlußkapitel von *Jahrestage* ankündigen. War das ernstgemeint, so hätte dieses zwar sehr anders ausgesehen als das jetzige, aber die »Katze Erinnerung« hätte gleich zweimal den eigenen Schwanz gefangen:[31] die Vergangenheit wäre nicht nur an die Gegenwart herangeführt, sondern gleichzeitig bis zu einem Anfang zurückverfolgt worden, der Geburt Cresspahls.

Angesichts der Schwierigkeiten einer solchen Konstruktion im festliegenden Rahmen von *Jahrestage* und angesichts weitgehender stofflicher Identität wie partieller Unstimmigkeit zwischen *Jahrestage* und Nachlaßtext blieben solche Möglichkeiten jedoch unausgeführt. Wozu sollte Johnson 1975 erstens *dasselbe*, was er in *Jahrestage* schon veröffentlicht hatte, zweitens dasselbe erheblich *kürzer* als dort und drittens mit kleinen sachlichen *Abweichungen* erzählt haben wollen? Die wahrscheinlichste Annahme bleibt somit, daß die Arbeit an T¹ und T² zunächst und in erster Linie eine Übergangs- und Notlösung war, um in schwerer Krise das Schreiben am Cresspahl-Projekt nicht ganz aufzugeben. Dafür spricht vor allem die Reihe der sachlichen und poetischen Unstimmigkeiten zwischen

---

29 Brief an Max Frisch v. 12.6.1976.
30 Brief an Joachim Lehmann v. 17.1.1976; vgl. auch schon einen Brief an Familie Hensan v. 27.11.1975.
31 Johnson: Begleitumstände, S. 416.

Jahrestage und dem Nachlaßtext. Dieser wird im folgenden mit Johnsons Arbeitstitel *Versuch, einen Vater zu finden* benannt, denn er bricht genau dort ab, wo im Paralleltext *Jahrestage* die Geschichte des Vaters von der Geschichte der Tochter als Hauptthema abgelöst wird.

Parallelstellen

Das Auffälligste bleibt freilich die weitgehende Übereinstimmung bis in verblüffend kleine Details des Stoffes wie seiner erzählerischen Darbietung, ohne daß es jedoch längere *wörtliche* Identität gäbe. Aufgrund der großen Zahl solcher Parallelen drängt sich die bereits eingangs formulierte Hypothese auf, der Nachlaßtext, obwohl 1975 niedergeschrieben, müsse eine *ältere* Version als *Jahrestage* bieten, da die *Jahrestage*-Version, also die publizierte, als verbindliche zu gelten hat. Diese Hypothese soll nunmehr erhärtet werden durch eine genaue Analyse von Parallelstellen mit bald mehr, bald weniger auffälligen Abweichungen voneinander. Dies bietet zugleich einen instruktiven Blick in die Schreibwerkstatt Uwe Johnsons.

Beginnen wir mit Motivparallelen, bei denen jeweils die sachliche Unstimmigkeit eine unterschiedliche poetische Valenz nach sich zieht. In *Versuch, einen Vater zu finden* wird von der ersten Liebe des Lehrlings Heine Cresspahl zur Enkelin des Meisters Redebrecht erzählt, nach der Gesine später ihren Namen erhalten hat, eine etwas ausführlichere Variante dessen also, was in *Jahrestage* als Cresspahls Erinnerung auf dem Marsch ins Häftlingslager eingeblendet ist (III 1286). In T^1 wird die Stimme einer älter gewordenen, zurückblickenden Gesine Redebrecht als direkte Rede in die Ich-Erzählung einmontiert: »Ich war fünfzehn. Er war sechzehn. Es war nichts ausgemacht und nichts angesagt. Unten in den Büschen am Gartenzaun, da stand er.« (24) Die ältere muß dies der jüngeren Gesine also einmal erzählt haben, und diese erinnert sich nun daran. Das aber kann nicht geschehen sein bei der einzigen Begegnung zwischen beiden Gesinen 1938 in Malchow (II 726 f.), es paßt nicht in deren erzählten Ablauf hinein. In *Jahrestage* finden sich die zitierten Sätze vielmehr im Rahmen eines der eingeschobenen imaginären Gespräche wieder (I 217): Weil Gesine es im Leben versäumt hat, ihre Namenspatronin nach der Jugendzeit Cresspahls zu befragen, *denkt* sie sich ein solches Gespräch. In *Versuch* erscheint es dagegen als tatsächlich erlebtes, denn dort kommen keine »Stimmen« als imaginäre Gespräche mit oder unter Toten vor. Somit kann diese Version des kleinen Motivs unmöglich aus der *Jahrestage*-Version entstanden sein. Das Umgekehrte ist dagegen gut denkbar. Wenn Johnson das dennoch 1975 niederschrieb, ohne die Unstimmigkeit zu bereinigen, so spricht das zum einen für den vorläufigen Status dieses Arbeitsprojekts, zum anderen dafür, daß ein schon ausformuliertes und *vor* der Druckfassung von *Jahrestage* entstandenes Manuskript als Vorlage gedient hat, dessen Abweichungen jedoch keine sonderliche Beachtung fanden.

Eine strukturell ähnliche Parallelstelle bezieht sich auf die letzte Liebesnacht Heinrichs und Lisbeths. In *Versuch* sagt die Erzählerin gegen Ende ihres Berichts über einen Festball, an dem das Ehepaar Cresspahl im Herbst 1938, kurz vor Lisbeths Freitod, teilnimmt, lakonisch: »Als sie nach Hause kamen, bat sie ihn in ihr Bett.« (97) Das nimmt sich im Munde einer Erzählerin, die nicht allwissend, sondern die Tochter ist, nicht eben passend aus: ein erzähltechnischer Bruch und darüber hinaus ein Verstoß gegen das Johnsonsche Prinzip des Taktes, der Diskretion, besonders in Hinblick auf das »Liebesleben« (31) seiner Figuren. In *Jahrestage* ist derselbe Sachverhalt darum wieder einer imaginären »Stimme« anvertraut: Gesine *denkt* sich, was Lisbeth damals zu ihrem Mann gesagt haben mag, um ihr plötzliches Abweichen von jahrelanger sexueller Verweigerung zu erklären: »*Ich wollte noch einmal mit dir schlafen, Heinrich. Bevor es zu Ende ist, mein ich.*« (II 705) Die Stelle ist zugleich ein episches Echo auf eine Parallelstelle über Lisbeths heimliche Reise zu ihrem Verlobten nach Richmond (I 106). Diese Wiederholungsstruktur und die Umgehung einer zuviel wissenden Erzählerin lassen die *Jahrestage*-Version, die bei aller Direktheit taktvoller, poetisch differenzierter ist, wiederum zwingend als die spätere, aus der anderen entstandene erscheinen. Daraus sind die gleichen Schlüsse zu ziehen wie im vorher analysierten Fall des Gesine-Gesine-Gesprächs.

Bei vielen weiteren Parallelstellen zeigt sich die *Jahrestage*-Version jeweils erzähltechnisch ausgefeilter. Das gilt für das Gespräch des jungen Paars in Richmond über den Namen des erwarteten Kindes (79; I 159). Das gilt für Lisbeths Blick auf einen Demonstrationsmarsch englischer Arbeitsloser: »halb töricht, halb ängstlich« (78) – »etwas töricht, sehr erschrocken« (I 141). Oder Lisbeth und Heinrich sehen sich in Richmond einen Film an: »wenn sie lachte im Kino über Buster Keaton und fühlte, wie Cresspahl sie von der Seite ansah im Dämmerlicht« (78 f.). – »Er hatte sie im Royalty Kinema heimlich beobachtet, [...] er hatte auf ihr stilles, unterrichtetes Lachen vertraut.« (I 180 f.) Das eine Mal nur Verliebtheit, das andere Mal, in personaler Perspektive und topischer Verankerung, außerdem ein Beleg für Cresspahls Illusion, Lisbeth, die sich über Filmpointen »unterrichtet« zeigt, »bedürfe des Deutschen nun weniger«.

Bei einer Reihe von Motiven finden sich zwischen den beiden Versionen kleine, doch empfindliche *sachliche* Widersprüche, bei denen nur ein Entweder-Oder in Frage kommt. Dabei ist die *Jahrestage*-Version meist die plausiblere, niemals, soweit ich sehe, umgekehrt. (Das »White

Horse« in Dorking [70] freilich ist in *Jahrestage* fälschlich zu einem »Black Horse« [I 104] geworden.[32]) Entweder Tischler Cresspahl erhält von Kliefoth den Auftrag für einen Schreibtisch (89), oder er hofft vergeblich auf einen solchen (I 416). Es ist plausibler, wenn Cresspahl sich im Sommer 1938 »Mr. Smith zu Besuch« wünscht (II 653, vgl. I 416), als wenn das Gesine tut (93 f.), die noch gar nicht geboren ist, als ihr Vater mit Smith zusammenarbeitet.[33] Im Nachlaßtext wird der blind verliebte Cresspahl von Gastwirt Peter Wulff »gewarnt vor Lisbeths Zahmheit in der Mecklenburgischen Landeskirche« (70). In *Jahrestage* dagegen, wo diese Warnung szenisch genauer ausgemalt ist, hat Wulff diese Rolle an seine Frau abgegeben:

»Eine hat ihn gewarnt. Meta Wulff setzte sich nach der Polizeistunde zu Peter und Cresspahl und fing an zu reden von Pastor Methling und von Lisbeth, die an jedem Kirchtag in der zweiten Reihe unter der Kanzel saß. Wulff versuchte sie mit Knurren aufzuhalten, aber Meta, Fischerstochter von der Dievenow, gab ihm einen Schlag unter die Schulterblätter und rieb ihm den Rücken und sprach weiter von den Bibelstunden für Kinder, die Papenbrocks Tochter über die Christenpflicht hinaus im Gemeindehaus abhielt. Cresspahl hat nicht mehr verstanden als: sie kann auch noch gut mit Kindern.« (I 87 f.)

Im Nachlaßtext weiß die erzählende Tochter aus nicht erkennbarer Quelle, was der Arzt Dr. Berling Cresspahl verschweigt: daß Lisbeth 1936 bei einer Fehlgeburt durch Selbstvergiftung nachgeholfen hat (90). In *Jahrestage* »erfuhr Jerichow nicht, daß die junge Frau Cresspahl eben ein

---

32 Vgl. Irmgard Müller: Lokaltermin Richmond. Eine Untersuchung der örtlichen Begebenheiten in Richmond, Surrey, in Uwe Johnsons *Jahrestage*. In: German Life & Letters 41 (1988), S. 263.

33 Das »wünschte ich« (93) bezieht sich freilich nicht auf einen Wunsch der fünfjährigen Gesine *von* 1938, vielmehr der Erzählerin Gesine von 1968 *für* 1938, es gehört also zu deren typischer Modalreflexion.

Kind verlor« (II 510); Dr. Berling klärt Cresspahl aber wenige Tage später auf, so teilt uns ein auktorialer Erzähler mit (dessen Stimme dann jedoch, wie oft in *Jahrestage*, auf hybride Weise in die Stimme Gesines übergeht). In all diesen Fällen, bei denen nur die eine oder die andere Version die in Johnsons fiktiver Jerichow-Welt wahre sein kann, ist es immer noch wahrscheinlicher, daß im Typoskript von 1975 jeweils eine ältere Version übernommen, als daß eine mit *Jahrestage* in Widerspruch stehende neu ausgedacht worden ist.

Schließlich gibt es noch zahlreiche Parallelen, wo, ohne daß Widersprüche aufträten, die *Jahrestage*-Version erzählerisch ausführlicher ist; Nachlaßtext und *Jahrestage* verhalten sich hier wie Programm und Durchführung, Skizze und ausgemaltes Bild. Ein Beispiel: Die schwangere, in Richmond unsichere Lisbeth »hat sich gefreut bis zu Tränen, als einer alten Frau ihr vorgetretener Bauch auffiel, so dass die sagte: God bless you, dearie.« (79) Daraus wird dann in *Jahrestage*:

»Der Dezember 1932 war ungewöhnlich warm gewesen, mit viel Sonnenschein, und von allen ihren Spaziergängen hatte sie etwas aus der Stadt zurückgebracht, nicht Heimweh nach Jerichow. Sie war mit offenem Mantel aus der Bäckerei getreten, so daß ihr vortretender Bauch für einen Augenblick auffiel auf dem Bürgersteig, und eine alte Frau, von Gehabe eine Bettlerin, hatte zu ihr gesagt: God bless you, dearie. Den halben Schilling, den die Alte enttäuscht zurückwies, legte sie sich beiseite.« (I 181)

Oder das genaue Programm für eine in *Jahrestage* drei Seiten lange humoristische Erzählsequenz über Cresspahls Pech mit Haushälterinnen (II 835-856) besteht aus einer Stelle von wenigen Zeilen:

»Mein Vater hat es versucht, eine Frau für mich ins Haus zu holen: Käthe Klupsch, die sich für begabt hielt im Heiratsschwindel; Oma Klug, die sich ein Altenteil wünschte und gleich starb; Frieda Dade, die aber doch geheiratet wurde; Grete Selenbinder, die weggeschickt wurde wegen allzu dümmlicher Herrschsucht. Danach erzog er mich selber.« (105)

Ähnlich werden die tragischen Umstände des Selbstmords von Amalie Creutz, die im Nachlaßtext nur lakonisch benannt sind (124), in *Jahrestage* genauer beschrieben (I 140).

Ein Vergleich der Paralleltexte insgesamt ergibt ein ungleichmäßiges und doch aussagehaltiges Bild: Rein quantitativ gesehen, wird der gleiche Stoff in *Jahrestage*, wenn man die New-York-Hälfte abzieht, durch einen etwa zehnfach umfangreicheren Text dargeboten als im Nachlaßmanuskript. Dabei erscheinen die einzelnen Stoffbereiche in *Jahrestage* jedoch sehr unterschiedlich ausgebaut: die Travemünde-Episode, der Briefwechsel 1931/32, Lisbeths Zeit in Richmond sind gar nicht oder minimal, Cresspahls Zeit in Richmond und Besuch in Deutschland 1932/33, die »Wassertonnengeschichte«, der Prozeß gegen Warning und Hagemeister, die ganze Vorgeschichte von Lisbeths Katastrophe 1938 dagegen sehr stark erweitert. Diese ungleichmäßige Behandlung spricht für eine zeitliche Priorität der Version des Nachlaßtextes. Denn angenommen, Johnson hätte umgekehrt diese aus der *Jahrestage*-Version kondensiert, warum hat er dann das eine kaum, das andere extrem reduziert, so daß viele *Jahrestage*-Geschichten und -Personen ganz fortgefallen sind?

Nun bestehen freilich auch einige thematische Bereiche, in denen nicht *Jahrestage*, sondern *Versuch* Ausführlicheres bietet. Eine genauere vergleichende Prüfung dieser Bereiche ergibt jedoch eine Art von Regel: Danach gehören die Erweiterungen in *Jahrestage* gegenüber dem Nachlaßtext ins fiktionale Erzählfeld, die Kürzungen ins dokumentarische. *Versuch, einen Vater zu finden* ist insgesamt quellennäher als *Jahrestage* geschrieben, Jerichow-Welt und Cresspahl-Geschichte werden nicht episch breit entfaltet, sondern überwiegend tabellarisch fixiert.

Somit weisen alle Arten von Differenzen zwischen parallelen Passagen beider Werke auf dieselbe zwingende, scheinbar paradoxe Hypothese: Obwohl die ersten drei Bände von *Jahrestage* bis 1973 fertiggestellt worden, die beiden Typoskripte zu *Versuch, einen Vater zu finden* dagegen erst 1975 entstanden sind, liegt in *Jahrestage* die spätere, in *Heute Neunzig Jahr* die frühere Version des gleichen Erzählstoffes vor. Man könnte diese Hypothese an einem längeren Parallelkomplex prüfen, wofür sich besonders die Richmond-Kapitel in beiden Werken eignen würden.[34] Im folgenden soll, zum Abschluß der Parallelstellen-Analysen, auf die beiden Versionen des Berichts über den Kapp-Putsch eingegangen werden (44-47; I 56 f.).

Bei diesem symptomatischen Ereignis aus der Anfangszeit der ersten deutschen Republik findet sich Cresspahl auf seiten der streikenden Arbeiter, sein späterer Schwiegervater Papenbrock dagegen, als Verwalter von Gut Vietsen, auf der Seite der den Putsch stützenden Junker. Der Putsch, besonders seine mecklenburgische Ansicht, wird in *Versuch* im Rahmen einer mehrere Seiten langen, chronologisch fortschreitenden Erzählung zum Jahr 1920 dargestellt, in *Jahrestage* dagegen rückgreifend auf nur einer Seite eingeblendet, und zwar in die Erzählung von Cresspahls Verlobung mit Lisbeth Papenbrock. Das quantitative Verhältnis von dokumentarischer zu fiktionaler Erzählung ist in *Versuch* rund 3:1, in *Jahrestage* dagegen 1:4. Das entspricht also genau der aufgestellten Regel. In beiden Texten verbindet sich mit dem sachlich-lakonischen Ton des Geschichtsberichtes kopfschüttelnde Indignation Gesines darüber, in was für eine Familie ihr Vater da einge-

---

34 Vgl. Jeremy Gaines: Richmond in Literature. On Three Themes in Uwe Johnson's *Jahrestage*. In: German Life & Letters 45 (1992), S. 74-93.

heiratet hat. Doch in einem auffallenden Detail unterscheiden sich beide Versionen: Während Cresspahl in *Jahrestage* als Mitglied des Warener Arbeiterrates ein Waffensuchkommando zu Papenbrock schickt (II Anh. IV)[35], gehört er in *Versuch* diesem Kommando selbst an und – begegnet dabei Lisbeth: »So hat Cresspahl sie zum ersten Mal gesehen, ohne in ihr die Ehefrau von 1931 zu ahnen.« (46) Undenkbar, daß Johnson dieses etwas aufdringliche Schicksalsarrangement nachträglich, von der in *Jahrestage* veröffentlichten Version abweichend, hätte einführen wollen. Die Nachlaß-Version muß die ältere sein.

Sie hält sich sehr viel ausführlicher und enger, mit zahlreichen fast wörtlichen Übernahmen, an Johnsons regionalgeschichtliche Quellen. Das sind in erster Linie, doch wohl nicht ausschließlich, eine in der DDR erschienene Arbeit von M. Polzin über den Kapp-Putsch in Mecklenburg[36] und ein bereits von Polzin als Quelle benutztes Buch von K. Schreiner über die Stadt Waren[37], das Johnson aber selbständig benutzt hat. So wird die ebenso bezeichnende wie wahnwitzige Kanonen-Aktion des Barons v. le Fort in *Jahrestage* nach Polzin, in *Versuch* jedoch, mit drastischen Details, nach Schreiner wiedergegeben.[38] Im folgenden sind Quelle (Schreiner, S. 47 ff.) links und Bear-

---

35 Auf derselben Seite oben werden die Orte aufgezählt, an denen Heinrich und Lisbeth einander schon vor 1931 hätten begegnen können: Gut Vietsen ist nicht darunter.

36 Martin Polzin: Kapp-Putsch in Mecklenburg. Junkertum und Landproletariat in der revolutionären Krise nach dem 1. Weltkrieg, Rostock 1966. – Auf diese Quelle von *Jahrestage* hat bereits P. Pokay hingewiesen; vgl. Peter Pokay: Vergangenheit und Gegenwart in Uwe Johnsons *Jahrestage*, Phil. Diss. Salzburg 1983 (Masch.), Bd. 1, S. 102.

37 Klaus Schreiner (u.a.): Kurstadt Waren einst und jetzt. Studie zur Chronik und heutigen Bedeutung einer mecklenburgischen Stadt, Waren 1963.

38 Polzin, S. 191, 193; Schreiner, S. 47 ff.; vgl. zu T² auch noch Polzin, S. 94 ff., 215.

beitung (44f.) rechts nebeneinandergestellt, wobei durch Kursivdruck hervorgehoben ist, was Johnson ausgelassen und hinzugefügt hat:

»Am 18. März rückte der Baron Le Fort aus Boeck mit seiner Soldateska vor Waren, brachte ein Geschütz in Stellung und eröffnete *mit brutaler Rücksichtslosigkeit* das Feuer auf die Stadt. Noch heute ist das Einschußloch einer Granate im Rathaus zu sehen. *Furchtbare Opfer forderte dieses brutale Vorgehen der Soldateska.* Fünf Warener Bürger, die sich zufällig in der Nähe der Einschußstelle befanden, wurden ermordet, darunter ein 17jähriges Mädel; elf erhielten schwere Verletzungen.

...

sein Neffe, ein ehemaliger Artillerie-Leutnant, der sich aus dem Krieg eine Kanone mitgebracht und in Boeck verborgen hatte

...

Im Schmachthagener Holz lagerten etwa 200 Landarbeiter, die mit Sensen, Knüppeln und auch Flinten bewaffnet waren, die sie den Gutsherren abgenommen hatten.

...

›der Baron kontrollierte und kujonierte uns alle, die Leute mußten sogar aus dem Landarbeiterverband austreten. Mir hat er schon 3/4 Jahr keinen Gehalt bezahlt, um mich los zu werden.

»Das war am 18. März, da rückte der Baron Stephan le Fort, Besitzer von Boek, mit seinen *Baltikumern* vor Waren, brachte ein Geschütz in Stellung, das Neffe Peter *als Souvenir* aus dem Kriege mitgebracht hatte, und beschoss die Stadt. Elf Schwerverletzte, fünf Tote, darunter ein Mädchen von siebzehn Jahren. Am Rathaus soll das Einschussloch einer Granate noch heute zu sehen sein, *zu Denkmalszwecken wohl.*

Jetzt sammelten Landarbeiter sich im Schmachthagener Holz, bewaffnet mit Sensen, Knüppeln, gelegentlich einer Flinte.

Le Fort, ein Junggeselle, *dem weder Frau noch Kinder ein Mitleid eintrugen,* galt als gewaltiger Säufer, Fresser, Jäger, als ein Nichtstuer, der seine Arbeiter drangsalierte, ihnen die Mitgliedschaft im Landarbeiter-

Nun mal los, hier ist eine Gelegenheit zu sozialisieren. Der gewaltige Besitz an Land und Forst muß dem Mann, der als Junggeselle von Fressen, Saufen und Jagen lebt, genommen werden. *Eine Drohne war er und seine Vorgänger*
...
Neun Erbpächter hat der Baron gelegt und vertrieben, den Pächtern hat er gekündigt, um adlige Nichtstuer in ihre Häuser zu setzen und den Acker für das Wild freizumachen.‹«

verband verbot, einem einfach den Lohn vorenthielt, wollte er ihn loswerden,

und neun Erbpächter hatte er gelegt, um deren Acker für das Wild freizukriegen.«

Johnsons Bearbeitung zeigt die charakteristische satirische Intention seines dokumentarischen Verfahrens: beißend kritisch gegenüber dem putschenden Adel, aber skeptisch auch gegenüber pathetisch-ideologischen Tönen in der DDR-Regionalgeschichtsdarstellung.

Darüber hinaus gibt *Versuch, einen Vater zu finden* eine einleitende Skizze des gesamten Kapp-Putsches; registriert das Verhalten der Arbeiterparteien: gemeinsame Aktionsausschüsse, Streik, aber auch Sabotage durch einen rechten SPD-Mann in Waren; stellt neben le Fort noch einen heimtückisch-schießwütigen Freiherrn v. Maltzan heraus und nennt weitere Adelsnamen;[39] bietet resümierende Hinweise, die Cresspahls Fortgang aus Mecklenburg und Deutschland erklären helfen. Die fiktive, doch geschickt eingepaßte und in Details – Waffenversteck hinter Schranktür/ im Kinderzimmer – aus den

---

39 »und einer Anklage wegen Hochverrats und Anstiftung zur Tötung entging le Fort später genau wie die v. Plessen, v. Maltzan, v. Oertzen, v. Buch, v. Bassewitz, und was sonst noch verzeichnet ist im Buch des mecklenburgischen Adels.« (45)

Quellen gewonnene[40] Papenbrock-Episode ist in *Jahrestage* bei aller Kürze dennoch episch-szenisch ausgestaltet.

»Im Morgengrauen auf Gut Vietsen dachte Pächter Papenbrock von der Freitreppe herunter zu verhandeln und verpfändete sein Ehrenwort dafür, dass bei ihm keine Waffen versteckt seien.« (45 f.)

»Der Gutspächter Papenbrock auf Vietsen, der sich in seinem Haus fünf Baltikumer als Hauslehrer, Eleven und Sekretär hielt, schickte die Soldaten durch den Hintergarten weg, als der Gärtner angelaufen kam und den Anmarsch des Feindes meldete. Papenbrock, damals 52 Jahre alt, stellte sich auf der Freitreppe auf, mit zurückgedrückten Schultern, Bauch im Gürtel aufgehängt, in Breeches und Stiefeln und sagte: Meine Herren. Ich gebe Ihnen mein Wort als Offizier. Bei mir sind keine Waffen. (Wenn Sie trotzdem suchen wollen, seien Sie bitte im Kinderzimmer leise und lassen die Mädchen schlafen.)« (I 56 f.)

So bestätigt die vergleichende Analyse der Berichte vom Kapp-Putsch die aus der Untersuchung anderer Parallelstellen gewonnene Hypothese, daß die Typoskripte T^1 und T^2 eine in ihrem Kernbestand gegenüber *Jahrestage* frühere Fassung des gleichen Stoffes darstellen.

Ein Arbeitstext – drei Bearbeitungsphasen

Somit kann mit großer Wahrscheinlichkeit davon ausgegangen werden, daß Johnson 1975 mit der Erstellung von T^1 einen Text bearbeitet hat, der früher entstanden ist als die gedruckte Fassung von *Jahrestage*, also vor 1970. Das schließt nicht aus, daß dieser – nicht mehr vorhandene – Text auch später noch Zusätze erhalten haben kann, bis hin zu Materialien, die der Autor erst 1975, in Zusammenhang mit der Neubearbeitung, eingebaut haben mag. Einige In-

---

40 Vgl. Polzin, S. 138.

dizien sprechen sogar zwingend für diese Annahme. Einen besonders bemerkenswerten Hinweis bildet der in altertümlichem Niederdeutsch gehaltene, entmutigend melancholische, ein Leitmotiv im Werk des späten Johnson anschlagende Hochzeitsspruch, der in *Jahrestage* an der Stelle eingeblendet ist, wo Cresspahl sich 1934 bedrückt zeigt über die seelische Verdüsterung seiner jungen Frau:

»Er wünschte sich das Mädchen, das er hatte heiraten wollen ohne nachzudenken.

> *Menich Man lude synhget,*
> *Wen Me em de Brut bringet.*
> *Weste he, wat men em brochte,*
> *Dat he wol wenen mochte.*« (I 416)

In T² erscheint dieser Spruch bereits, in sehr hartem Schnitt, als ominöse Schlußpointe des Abschnitts, der erzählt, wie sich Cresspahl in Travemünde auf den ersten Blick in Lisbeth, »die Frau für sein Leben«, verliebt (68). Und in seiner Lübecker Dankrede für den Thomas-Mann-Preis 1979 zitierte Johnson dieselben Verse im gleichen Kontext als einen »Lübecker Spruch«.[41] Es handelt sich um die – Johnsons damaligen Zuhörern wohlbekannte – Inschrift auf dem Sandsteinkamin von 1575 im »Brautgemach« des Weinkellers im historischen Lübecker Rathaus. Nun hat Johnson Lübeck nicht nur, auf Thomas Manns Spuren gehend, »ständig beobachtet«[42], sondern nach »der Rückgabe der DDR-Staatsangehörigkeit« seit den frühen sechziger Jahren häufig auch besucht und könnte diesen Spruch gekannt haben. Abgeschrieben hat er ihn jedoch, wie u.a. die Übernahme eines Transkriptionsfehlers beweist – »synhget« statt richtig »synghet« –, aus einem Lü-

---

41 Uwe Johnson: »Ich überlege mir die Geschichte«. Uwe Johnson im Gespräch, hg.v. E. Fahlke, Frankfurt am Main 1988, S. 80 f.
42 Ebd., S. 79.

beck-Führer von 1969.[43] In der dort dargebotenen Form muß er ihn dann bald, spätestens im Frühjahr 1970, in sein *Jahrestage*-Manuskript eingefügt haben, denn der erste Band erschien ja bereits im Herbst. Hier zeigt sich, wie eng die Vorstufe von T¹ mit *Jahrestage* entstehungsgeschichtlich zusammengehört.

Auch anderes Material wurde dem Text erst später eingefügt. Den Bericht über das tödliche Schicksal der Häftlinge von Neuengamme in der Lübecker Bucht am 3. Mai 1945 z. B., von dem Johnson aus dem erst 1972 erschienenen Buch von Rudi Goguel Genaueres erfuhr, hat er sogleich in den dritten Band von *Jahrestage* und dann auch in den Paralleltext bzw. in T¹ aufgenommen (120). Und was die Deutschen im Ersten und Zweiten Weltkrieg der Insel Sheppey antaten (34, 103), hat Johnson wohl erst eingefügt, als er selbst auf diese Insel umgezogen war.

Mit einem Komplex, der vermutlich 1975, beim Niederschreiben von T¹, hinzugekommen ist, hat es eine besondere und sehr fatale Bewandtnis. Es handelt sich um die Geschichte von Peter und Martha Niebuhr, die seit Mitte der siebziger Jahre zu einem eigenen größeren Erzählprojekt ausgeweitet werden sollte, für das Johnson intensive Vorstudien betrieb und von dem nur das Fragment *Marthas Ferien* (1978) geschrieben wurde. Genauer gesagt handelt es sich um das in diese Geschichte vom Autor offenbar nachträglich hineinoperierte Motiv des Ehebruchs, das Johnson in fast gleicher Konstellation später in *Skizze eines Verunglückten* behandelt hat, dabei möglicherweise einen – wie immer beschaffenen – autobiographischen Begleitumstand fiktional verarbeitend und verfremdend. In *Jahrestage* 1-3 und in *Marthas Ferien* ist davon noch keine Spur zu finden. Werden in *Jahrestage* die letzten Tage der

---

43 Lübeck. Ein Führer durch die Bau- und Kunstdenkmäler der Hansestadt, 5. Aufl., Lübeck 1969, S. 92 f.

beiden, die als Ehe- ein Liebespaar geblieben sind, durch Peters Einberufung überschattet, so in T¹ durch Marthas »versehentlich[e]« Eröffnung gegenüber Peter, »aus welchem Bett sie kam, als sie ihn heiratete vor zehn Jahren, und dass sie ein Verhältnis unterhalten hatte mit dem anderen Mann all die Zeit« (109, vgl. auch 73f., 82). Diese Operation sollte offensichtlich dazu dienen, das solcherart dramatisch umgeänderte Peter-Martha-Projekt nachträglich mit *Jahrestage* zu harmonisieren. Entsprechend hat Johnson in T² dann auch den Ort, an den Martha im Juni 1932 »ganz allein« geht, aus Berlin zuerst in Kopenhagen und dann in Wien umgeändert (73), das letzte also schon nahe an dem Ort, an dem man Martha in Begleitung eines Liebhabers gesehen haben will.[44]

Johnson hat, wie sich erkennen läßt, vor oder nach der Niederschrift von T² auch Gelegenheit genommen, an T¹ sachliche Veränderungen anzubringen. Gegen Ende von T¹ wird das Jahr 1946 registriert:

»Am 15. April meldet die Nachrichtenagentur der Sowjetunion, in den fünf Ländern ihrer deutschen Besatzungszone seien die K.P.D. und die S.P.D. vereinigt, am 21. April tritt die ostdeutsche K.P.D. mit der ostdeutschen S.P.D. zusammen in der Sozialistischen Einheitspartei Deutschlands, *du kamst von links, Genosse, und ich kam von rechts.*« (127)

Den ersten Satz, der zusammen mit dem zweiten eine entlarvende Pointe ergibt, hatte Johnson offensichtlich einst in einem Handbuch über die »SBZ« aus stramm antikommunistischer Zeit und Feder gefunden. Da heißt es:

»*15. April*
TASS meldet, daß in den fünf Ländern der SBZ die Vereinigung der

---

44 Uwe Johnson: Skizze eines Verunglückten, Frankfurt am Main 1981, S. 38.

SPD mit der KPD zur ›Sozialistischen Einheitspartei Deutschlands‹ durchgeführt worden sei.«[45]

Später arbeitete er dann Hermann Webers zuverlässigere Arbeit von 1966 zum gleichen Thema durch, in der sich nichts über eine derart verräterische Frühmeldung von TASS findet.[46] So hat Johnson in T¹ die zunächst aus dem früheren Text übernommene Angabe – vielleicht aufgrund neuer Recherche – wieder gestrichen.

Eine andere Fehlinformation, die nachweislich aus unkorrekten frühen DDR-Darstellungen stammt, ist in *Jahrestage* und in T² unkorrigiert stehen geblieben, dazu noch mit falscher Datierung (22. Mai statt 22. Juni): nämlich was über das SPD-Verbot von 1933 (I 351 f.; 83) und über einen angeblichen »Ausschluß sämtlicher jüdischer Mitglieder aus dem Vorstand« gesagt wird, worüber Cresspahl sich sehr aufregt, mehr aber noch darüber, daß SPD-Junggenosse Susemihl sich darüber gar nicht aufregt (I 390). Die historiographische Parallelstelle zu Johnsons T²-Version, in der es heißt, daß die Sozialdemokraten »die jüdischen Mitglieder ihres Parteivorstandes rauswählten« (83), findet sich in einem DDR-Handbuch von 1969: »Auf einer Konferenz am 19. Juni 1933 wurden auf Betreiben Paul Löbes alle jüdischen Mitglieder aus dem Parteivorstand hinausgewählt.«[47] Im *Sachwörterbuch,* das Johnson sonst oft benutzt hat, findet sich eine etwas korrektere, wenn

45 SBZ von 1945 bis 1954, hg.v. Bundesministerium für gesamtdeutsche Fragen, Bonn 1956, Bd. 1, S. 33.
46 Hermann Weber: Von der SBZ zur »DDR«, Bd. 1: 1945-1955, Hannover 1966. – Darin eine Reihe von Anstreichungen Johnsons. – Vgl. zu dem Links-Rechts-Ausspruch ebd., S. 31 f.
47 Geschichte der deutschen Arbeiterbewegung in 15 Kapiteln, hg.v. Institut f. Marxismus-Leninismus b. Zentralkomitee der SED, Berlin, Bd. 10, 1969, S. 35; vgl. auch Joachim Steisand: Deutsche Geschichte in einem Band, Berlin 1968, S. 382; Deutsche Geschichte in drei Bänden, hg.v. H.-J. Bartmuss (u.a.), Berlin 1968, Bd. 3, S. 180.

auch triviale Formulierung[48]; denn da die jüdischen Mitglieder emigriert waren, konnten auch keine in den Berliner »Vorstand« gewählt werden.

Schließlich gibt es noch Bezüge zwischen *Versuch, einen Vater zu finden* und dem vierten Band von *Jahrestage*, die zeigen, wie genau Johnson sich an die Version hielt, die er 1975/76 neu fixiert hatte. So sagt Gesine in *Versuch* über den Vetter im Holsteinischen, ihr Vater habe sie nie aufgefordert, den zu benutzen als Verwandtschaft: »tatsächlich habe ich vergessen, wo die wohnen« (48). In *Jahrestage* 4 fährt Gesine einmal kurz in die Gegend dieser Verwandtschaft, scheinbar doch »zu Besuch« bei ihr, in Wahrheit aber bleiben Besuch und Gespräch mit ihr imaginär (1861 f.).

Wenn man die bisherigen Beobachtungen und Überlegungen zusammennimmt, lassen sich die folgenden drei Bearbeitungsphasen für *Versuch, einen Vater zu finden* festhalten: Die erste, nur hypothetisch zu erschließende Phase fällt in die lange Entstehungszeit von *Jahrestage* vor Niederschrift des ersten Bandes. Einerseits muß eine Vorstufe der Typoskripte von 1975 in einem gewissen Zeitabstand *vor* Fixierung der entsprechenden Kapitel von *Jahrestage* niedergeschrieben worden sein, sonst lassen sich die aufgewiesenen Unstimmigkeiten nicht erklären. Andererseits wurde wichtiges Material für die Lebensgeschichte Heinrich Cresspahls Johnson erst Ende der sechziger Jahre zugänglich und dann von ihm aufgegriffen, so daß die Entstehung der angenommenen Vorstufe von *Versuch, einen Vater zu finden* und die des ersten Bandes *Jahrestage* zeitlich wiederum eng zusammenrücken.

Diese Vorstufe ist am ehesten denkbar als ein Hilfs- und Arbeitstext für die Jerichow-Ebene von *Jahrestage*. Materialsammlung und literarisch Ausformuliertes mögen

[48] Sachwörterbuch der Geschichte Deutschlands und der deutschen Arbeiterbewegung, Berlin 1969, Bd. 2, S. 325.

darin zunächst gewechselt haben. Wurde es dann vielleicht nach und nach ein fortlaufender Text als unmittelbare Vorlage von T^1, so war er doch voller Schnittstellen, an denen neues Material zwanglos eingeschoben werden konnte. In welcher der Entstehungsphasen von *Jahrestage* wäre solch ein Arbeitstext zu situieren? Da ist die Zeit von der ersten Beschäftigung Johnsons mit Schreibprojekten über Gesine und Heinrich Cresspahl von 1963 bis zu seiner Abreise nach New York 1966 – eine Zeit, in die zugleich ein erster Intensivdurchgang durch Literatur und andere Quellen zur deutschen Zeitgeschichte fiel und in der sich die Lebensläufe Gesines und ihres Vaters im Kopf des Autors und in vereinzelten Schreibansätzen allmählich abzeichneten. Dann folgten die entscheidenden zwei New Yorker Jahre: Fixierung der Grundidee für die Gegenwartsebene – Gesine mit Marie in New York lebend, an Mecklenburg sich erinnernd – schon im Sommer 1966 und der zeitlichen Grundstruktur – ein Zyklus Jahrestage ab 20.8.1967 – ein gutes Jahr später; permanente Recherchen zu Gesines New Yorker Lebensgebiet einschließlich kontinuierlicher Archivierung der *New York Times;* eine erste Kapitelfolge von ca. 50 Seiten, aufgeschrieben zwischen Januar und Sommer 1968. Damit war die New-York-Ebene in Planung, Materialsicherung, Ausarbeitung des Schreibansatzes fertig. Zurück in Berlin, konnte Johnson sich der Jerichow-Ebene des Gesamtprojekts intensiver widmen und gleichzeitig mit dem Schreiben der Kapitel für den ersten Band fortfahren. Erst ab Herbst 1969 jedoch erreichte dieses Aufschreiben eine kontinuierliche Intensivphase.[49]

Vor diesem Hintergrund läßt es sich am ehesten denken, ein erster zusammenhängender Entwurf für die Jerichow-Ebene könne in New York 1966/67, ein darauf basierender durchgestalteter, gleichwohl für Zusätze offener Text in

---

49 Johnson: »Ich überlege mir die Geschichte« (Anm. 40), S. 258.

Berlin 1968/69 entstanden sein. Dieser dürfte dann als Leitfaden und Steinbruch für die gesamte Vergangenheitsebene der ersten drei *Jahrestage*-Bände gedient haben. Hinsichtlich der Ausformung der Erzählsituation (Innerer Monolog Gesines) eine überholte Vorstufe, blieb er erzählerische Verfügungsmasse, von der Stück für Stück, episch ausgestaltet, in die *Jahrestage*-Kapitelstruktur eingefügt wurde.

Es ist davon auszugehen, daß dieser annalistische Text als die zu vermutende Vorlage für T^1 stofflich nicht über die erzählte Zeit des dritten Bandes hinausreichte, denn sonst hätte Johnson ihn sicher nicht wie anderes verarbeitetes Material vernichtet, sondern aufbewahrt. Dann aber lag es nahe, mit dem Wachsen der Schwierigkeiten bei der Vollendung des *Jahrestage*-Projekts ab 1973, dieses Manuskript – das wäre die zweite Bearbeitungsphase – vorzunehmen, zu ergänzen und weiterzuführen, um seine Funktion zur Erleichterung der Arbeit an *Jahrestage* nutzen zu können. So wurde 1975, unter den dramatischen Umständen von Umzug, Krise und Krankheit, die Verfügungsmasse vorübergehend zum Ersatzprojekt für die gefährdeten *Jahrestage* selbst. Es blieb dann freilich, nachdem Johnson es für Lesungen verwendet hatte, seinerseits unvollendet liegen, weil er andere Ersatzprojekte aufgriff, da er erkannte, daß die Struktur dieses Textes durch *Jahrestage* überholt war, oder weil beim vierten Band, an dem ihm nach und nach doch wieder zu arbeiten gelang, die »Schulgeschichte«, für die das annalistische Verfahren keine rechte Stütze bot, ein immer stärkeres Eigengewicht gewann. Jedenfalls gab Johnson die Idee, Teile aus *Versuch, einen Vater zu finden* in den Schlußteil seines Hauptwerks zu integrieren, wieder auf.

Als dieses dann vollendet war, begann eine dritte Bearbeitungsphase. Das wichtigste Projekt neben *Jahrestage*, die Geschichte von Peter und Martha, zeigte sich durch das hineingezwungene Ehebruchmotiv belastet und zugleich entwertet, denn dieses war inzwischen auf *Skizze eines Verunglückten* übertragen worden. Ist schon dort die Niebuhr-Doublette zum Hinterhand-Unglück forciert, um so mehr müßte sie es in einem ausgearbeiteten Roman sein. So bot es sich 1983 um des schriftstellerischen Überlebens willen an, auf jene Wette einzugehen und das liegengebliebene Manuskript zu verwerten. Doch die Diskrepanzen, die bei dessen Bearbeitung und Fortschreibung auftreten mußten – Unstimmigkeiten gegenüber *Jahrestage*, Fehlen eines fixierten Textes für die Jahre nach 1946, vor allem von 1968 bis 1978 –, haben wahrscheinlich dazu beigetragen, daß Johnson zu *Heute Neunzig Jahr*, außer diesem Titel, über die Typoskripte von 1975 und wenige Materialien und Aufzeichnungen hinaus keinen weiteren Text hinterlassen hat.

Ursprung und Ende des Cresspahl-Projekts

Der Titel *Heute Neunzig Jahr* paßt zu dem Schreibplan von 1983/84, nicht zu dem fragmentarischen Text, den Johnson für diesen Plan zu verwerten gedachte. Bei seinen Lesungen aus T² hat er den genau treffenden Titel *Versuch, einen Vater zu finden* benutzt. Dieser Titel benennt ein Motiv der Figur Gesine und zugleich einen Schreibansatz für das Cresspahl-Erzählprojekt, vielleicht den allerersten. Damit weist er in die früheste Entstehungsphase von *Jahrestage* zurück, in der sich der Autor abwechselnd um die Figur Gesines und die ihres Vaters bemüht hat. Was Gesine selbst betrifft, so hat er 1967 in einer Lesung im WDR[50] die ersten beiden Stücke aus seiner 1964 veröffentlichten Sammlung *Karsch, und andere Prosa*, die bereits

---

50 WDR-Sendung v. 27.8.1967.

von »Cresspahls Tochter« und ihrem Umkreis handeln, mit einem Text eingerahmt, in dem rückblickend und annalistisch aus dem Leben von Gesine Cresspahl berichtet wird, und dafür den Titel *Neuigkeiten von Cresspahls Tochter*[51] verwendet. Dieser zweiteilige Rahmentext, der auf einer frühen Fassung vom Februar 1964, die für die Lesung adaptiert wurde, und auf noch früheren Gesine-Fragmenten basiert, stellt Cresspahls Tochter, also die Freundin der Titelfigur aus *Mutmassungen über Jakob*, den Hörern genauer vor: Das eine ist ihre Lebenssituation seit Anfang der sechziger Jahre in Düsseldorf; sie spürt mit wachsendem Abstand ein Bedürfnis, sich ihrer mecklenburgischen Herkunftswelt zu erinnern. Das andere sind Fragmente aus ihrem Leben von 1933 an.

Mit diesem Text liegt also eine Parallelversion zur Gesine-Geschichte in *Jahrestage* und in *Versuch, einen Vater zu finden* vor, die kürzeste von den dreien und die älteste. Denn hier werden nicht nur Ereignisse angesprochen, die noch im letzten Band von *Jahrestage* in ausführlicherer Form wiederkehren, von Gesines Ungläubigkeit im Konfirmandenunterricht bei Brüshaver bis zum Flugblätter-Prozeß und -Verhör in der Oberschule[52], sondern es bestehen auch Abweichungen: Gesine lebt in Düsseldorf, (noch) nicht in New York, und sie arbeitet in der »Industrie« und war nur vorübergehend, 1958, in den USA[53]; nicht die Engländer, sondern die Amerikaner kommen vor den Russen nach »Jerichow«; die Niebuhrs wohnen auf der Schleuse nicht in »Wendisch Burg«, sondern in »Wasserberg«; und auf die Oberschule geht Gesine nicht in »Gneez«, sondern in Wismar. Auch Cresspahls Auslandsaufenthalte sind anders datiert als in *Versuch, einen Vater*

---

51 Johnson: Neuigkeiten von Cresspahls Tochter (Anm. 6), S. 93 f., 100-105.
52 Ebd., S. 102 f.
53 Ebd., S. 105.

zu finden: Italien, England, Niederlande nach 1920, nicht: Italien vor 1914, nach 1920 erst Niederlande, dann England.[54]

Einzelne Motive werden von *Neuigkeiten von Cresspahls Tochter* über *Versuch, einen Vater zu finden* bis zu *Jahrestage* festgehalten, aber zugleich Schritt für Schritt erzählerisch ausdifferenziert:

»Der Musiklehrer spielt auf dem Klavier die ersten fünf Töne der 5. Symphonie von Beethoven, wer von euch kennt das? Das Kind von Cresspahl hebt den Finger. Haussuchung, der Vater blickt schief, grinst, ich will dir mal was sagen.«[55]

»Hauptlehrer Stoffregen tippt auf dem Klavier die ersten vier Töne der 5. Symphonie an, wer von euch kennt das; Cresspahls Tochter kennt das Signal der British Broadcasting von einem Schallplattenkonzert bei den Paepckes, hebt den Finger. Haussuchung.« (110)

»Stoffregen habe in der Musikstunde auf dem Klavier die ersten vier Töne einer Sinfonie von Beethoven angeschlagen, das Erkennungszeichen der British Broadcasting Corporation, und die Klasse gefragt, wer diese Tonfolge kenne. Und es sei Cresspahls Kind gewesen, das sich gemeldet habe.
Entschuldigung. Entschuldigung!
Dazu sei er bereit. Und die Greifer von der Gestapo hätten bei ihrer Haussuchung eben nicht ein Gerät wie Alexanders Blaupunktradio gefunden, mit magischem Auge und automatischem Sendersucher, sondern was damals Empfänger des Volkes hieß. Volksempfänger. Und das Cresspahlsche Kind habe sich ja sofort darauf besonnen, daß es die vier Töne von einem Schallplattenkonzert bei den Paepckes erinnere, und mit der beschworenen Aussage Alexanders habe auch die Gestapo sich zufrieden zeigen müssen. Alexander habe die Gefälligkeit gern geleistet; und C. sei erleichtert, daß die Sache dann gleich habe vergessen werden können, bis zu diesem Tag.« (II Anh. XVII f.)

Selbst ein winziges Motiv wie das unsichere Gehen des Kleinkindes Gesine wandert, unter charakteristischen Veränderungen, durch alle drei Stufen. In *Neuigkeiten* no-

---

54 Ebd., S. 101 ff.   55 Ebd., S. 101.

tiert ein neutral aufreihender Erzähler – eine erzähltechnisch nicht sehr gelungene Konstruktion –, was Gesine 1946 aus ihrem bisherigen Leben hat in Erinnerung haben können, z.B. den »Kacheltisch in der Küche, um den sie mit erhobenen Händen herumhangelte«.[56] In *Versuch* wird das Motiv dann von einer Ich-Erzählerin Gesine perspektivisch differenziert und situativ eingebettet in ihr schwieriges Verhältnis als Kleinkind zu ihrer Mutter: »Weiss ihren Blick, als ich das Gehen lernte mit Hangeln um den Kacheltisch in der Küche und scheute ihre Hilfe.« (Ms. S. 57) Das hat Johnson in T^1 wieder gestrichen und in T^2 nicht mehr aufgenommen, war es doch bereits in *Jahrestage* erneut verändert worden: In einem Dialog über die Launen der »Katze Erinnerung« zieht Marie, einem kritischen Leser Stimme verleihend, die Authentizität dieses angeblichen Erinnerungsbildes in Zweifel:

»– Aber wie Cresspahls Kind um den Küchentisch hangelte mit hoch erhobenen Händen, bis es gehen konnte, das hast du von anderen Kindern als dir.
– Von einem Kind, mit dem ich persönlich bekannt bin.«   (II 671 f.)

Wie hier ein kleines Motiv aus einem Katalog von Erinnerungsteilen erst nur durch perspektivierende Einbettung und dann durch Zitation »wie schon erzählt« im Rahmen von Metakommunikation umgeformt, intensiviert und zugleich problematisiert wird – daran läßt sich der künstlerische Weg Johnsons von ersten Entwürfen bis zur Vollendung von *Jahrestage* exemplarisch abmessen.

Die ersten Texte zur Geschichte Gesines, also »Neuigkeiten« gegenüber dem, was aus *Mutmassungen über Jakob* über sie bekannt war, sind bereits in den frühen sechziger Jahren entstanden. Wenn Johnson mit seiner New Yorker Begegnung zwischen sich und »Mrs. Cresspahl«

---

56 Ebd., S. 100.

im April 1967 die Erfindung und Festlegung der New-York-Ebene für das *Jahrestage*-Projekt symbolisiert hat, dann dürfte mit seinem »Antrag«, dem sie »vor fast exakt vier Jahren schon einmal ausgewichen war«[57], der Beginn eines Gesine-Erzählprojekts gemeint sein. Dieser wäre somit im Frühjahr 1963 anzusetzen. Die Arbeit an *Mutmassungen* hatte dem Autor die »Bekanntschaft« einer zunehmend »unabhängig« gewordenen Person Gesine Cresspahl vermittelt, die sich freilich dem ihr geltenden neuen Erzählvorhaben vorerst »verweigerte«. Es gelang nur, ihr »Einzelheiten abzuluchsen«, Fragmente also, wie sie in *Karsch* und in *Neuigkeiten* vorliegen, auch wenn sich Johnson »über zwei Jahre« lang, also bis 1965, um dieses Vorhaben bemühte.[58] In diese Zeit fällt vermutlich die allmähliche Entstehung einer Frühform auch von *Versuch, einen Vater zu finden*. Denn bereits im Herbst 1963 deutete der Autor in Briefen an Wilhelm Müller ein erzählerisches »Vorhaben« an, das sich »mit Cresspahl und den Seinen« befasse und für das er »mehrere Jahre« Vorarbeit ansetze, und er legte seinem alten Lehrer eine Liste mit Fragen zu Cresspahls Lebensumständen um 1900 vor, die dieser dann auch ausführlich und exakt beantwortete.[59] Die erste Fixierung dessen, woraus Johnson 1983/84 das Buch *Heute Neunzig Jahr* machen wollte, lag somit bereits rund zwanzig Jahre zurück.

So ergibt sich das Bild eines folgerichtigen Entstehungsprozesses des Cresspahl-Projekts von *Mutmassungen über Jakob* zu *Jahrestage*, ein Bild, das zugleich die Entwicklung von Uwe Johnsons Erzählkunst als einen Prozeß der Ausdifferenzierung erkennen läßt. Mit seinen ersten beiden Werken, dem zu seinen Lebzeiten unveröffentlichten

---

57 Johnson: Begleitumstände, S. 409.
58 Ebd., S. 299-302.
59 Briefe an Wilhelm Müller v. 11.9. und 20.10. 1963, Antwortbriefe Müllers v. 16.-28.9.1963 auf die Fragen des ersten Briefs.

Ingrid- und dem Jakob-Roman, hatte der junge Autor seinen Mecklenburg-Mikrokosmos stofflich bereits so weit entfaltet, daß sich spätere Werke wie Ausfüllungen von bisher leeren Flächen darin ausnehmen. Installiert war in beiden Arbeiten auch das Johnsonsche Verfahren, individuelle Geschichte und politische Geschichte eng miteinander zu verflechten. Erprobt waren, in *Ingrid Babendererde* sehr vorsichtig, in *Mutmassungen über Jakob* desto hemmungsloser, verschiedene Formen intermittierenden, montageartigen, verfremdenden Schreibens. Die Erzählform war von der Mischung aus allwissend distanziertem und jungenhaft beteiligtem Erzähler im Romanerstling zu der radikalen Mutmaßungs-Poetik des Jakob-Romans fortgebildet worden.

Nach dessen Fertigstellung lag es nahe, die Geschichte seiner Personen über den dort erzählten historischen »Augenblick« hinaus auf Vergangenheit und Zukunft hin erzählend zu erweitern[60], denn im Kopf hatte der Autor davon bereits weit mehr fixiert, als in seinen erstveröffentlichten Roman eingegangen ist. So war ihm der »Lebenslauf von Heinrich Cresspahl« längst bekannt: »Ich hatte mir schon Mühe geben müssen, ihn aus den *Mutmassungen* herauszulassen«.[61] Die Jakob am nächsten stehende Person, Cresspahls Tochter Gesine, weckte naturgemäß weiteres Erzählinteresse ihres Altersgenossen Uwe Johnson, der überdies mit einer in manchem Gesine ähnlichen Frau jahrelang befreundet und dann verheiratet war. So entstand Anfang der sechziger Jahre das Projekt *Neuigkeiten von Cresspahls Tochter*. Aus Erinnerung und Befragung, Recherche und Phantasie gewann der Autor Materialien, die sich, um einen Gesine-Lebenslauf zu ergeben, am besten in annalistischer Form sammeln und ordnen lie-

---

60 Johnson: »Ich überlege mir die Geschichte« (Anm. 40), S. 264.
61 Interview mit Dieter E. Zimmer, in: Johnsons *Jahrestage* (Anm. 3), Frankfurt am Main 1985, S. 102.

ßen. Aus der Form einer Materialsammlung wurde dann eine Erzählform: Das annalistische, tabellarische Prinzip hat Johnson bis zum Projekt *Jahrestage* und seinem Titel festgehalten und ausgebaut.

In dem frühen Gesine-Fragment *Neuigkeiten* ist diese Erzählform noch nicht sehr überzeugend ausgebildet: Abgesehen von dem spielerischen, vielleicht erst für die Rundfunklesung arrangierten Dialog zwischen Autor und Publikum (»Was wollen Sie denn wissen?«)[62] hängt die Erzählsituation in der Luft. Objektive und subjektive Annalistik bilden eine recht brüchige Einheit. Nachdem der Erzähler in der ersten Hälfte des Textes fragt und aufreiht, woran die dreizehnjährige Gesine sich 1946 zu erinnern vermag, »vergißt« er diesen Ausgangspunkt und führt seine Aufreihung über das Jahr 1946 weiter. Was zwar benannt wird[63], aber die Erzählung selbst nicht formt, sondern nur einen Übergang zu der weiteren Gesine-Geschichte *Beihilfe zum Umzug* bildet, ist ein entscheidender lebensgeschichtlicher Impuls für Gesines Vergangenheitsinteresse: Ihr Vater ist gestorben, doch ihr wird die Einreise in die DDR zu seiner Beerdigung verweigert. Von diesem kränkend-traumatischen Augenblick an macht sie sich auf die Erinnerungssuche nach ihrem Vater und gerät dabei auch an ihr eigenes früheres Leben.

In *Neuigkeiten von Cresspahls Tochter* ist die Erzählsituation noch sehr unausgereift, ist von Johnsons längst etabliertem Erzählkonzept, mit der Aufarbeitung individueller die der politischen Vorgeschichte zu verbinden, noch nicht viel zu sehen. Das mag, zusammen mit dem biographischen Interesse an Heinrich Cresspahl, einen zweiten, verbesserten und erweiterten Erzählansatz motiviert haben. War einerseits Cresspahls Lebensgeschichte in Umrissen schon fixiert und nunmehr durch den Tod abge-

62 Johnson: Neuigkeiten von Cresspahls Tochter, S. 93.
63 Ebd., S. 105 f.

schlossen, bestanden andererseits Schwierigkeiten, mit Gesine in ein fruchtbares Erzählverhältnis zu kommen – was lag da näher, als die Tochter auf eine erinnernd-erzählende Suche nach ihrem Vater zu schicken, also das Konzept für *Versuch, einen Vater zu finden*? Dadurch, daß nun Gesine selbst zur Erzählerin wird, ist die Brüchigkeit des ersten Ansatzes weitgehend überwunden: Die objektive Annalistik wird zum historischen Schulwissen Gesines, das als »Kette der Jahre« ein Gerüst für ihre Erinnerungsarbeit abgibt. Durch Einbeziehung der frühen Lebensgeschichte ihres Vaters, über die Gesines Erinnerung nichts wissen kann, ließ sich zum einen an die Mutmaßungs-Poetik des Jakob-Romans in weniger radikaler, strikt an die eine erzählende Person gebundener Form anknüpfen, zum anderen ein politisch-moralischer Diskurs etablieren, der das Rekapitulieren von Geschichte in deren Kritik überführt. Gesines Suche nach der eigenen Herkunft und nach den Handlungsmotiven ihres Vaters verbindet sich mit der Befragung deutscher und internationaler Geschichte als Vorgeschichte von Faschismus, Weltkrieg und der Nachkriegskonstellation zweier deutscher Staaten – damit zeichnet sich bereits das leitende Konzept für *Jahrestage* ab.

Diesem Konzept entsprach das Verfahren der Materialsammlung, das Johnson dann, wie der Nachlaß zeigt, bis zuletzt für den Mecklenburg-Bereich seines Werks beibehalten hat. Tabellenartig mit Jahreszahlen versehene Blätter wurden nach und nach mit Eintragungen gefüllt, die »physiognomische«, zeitsymptomatische Motive, Fakten, Äußerungen festhalten. Notizzettel und Zeitungsausschnitte wurden den Jahres-Blättern als weiteres Material in Mappen beigefügt. Und in gelesenen Schriften pflegte sich der Autor die Seitenzahlen seiner Anstreichungen ohnehin mit dem Vermerk der Jahreszahl zu notieren, auf die sich das Angestrichene jeweils bezieht. So erforderte Johnsons Arbeitsweise, gemessen an der zunehmenden Dichte, Sachhaltigkeit und Weite seiner Erzählwerke, verhältnismäßig geringe schriftliche Vorarbeiten. Sie hat sich wohl im wesentlichen auf vier Hilfsmittel gestützt, zwei materielle und zwei immaterielle: auf die projektbezogenen und annalistisch geordneten Materialien (die er allem Anschein nach, bis auf ganz wenige, nach Verwendung vernichtet hat) sowie auf die umfangreiche Arbeitsbibliothek einerseits, auf die im Kopf fertig ausgedachten Lebensläufe und -umstände der Figuren und auf den geschichts- und gesellschaftskritischen, politisch-moralischen Diskurs andererseits, der alles Material sortierte und filterte. Innerhalb des Cresspahl-Projekts, von *Neuigkeiten* über *Versuch* bis zu *Jahrestage*, kamen dann noch die jeweils überholten Schreibansätze als verwertbares Textmaterial hinzu.

Der Weg von *Versuch, einen Vater zu finden* zu *Jahrestage* bestand, außer dem Verfahren einer durchgängigen epischen Verbreiterung, in erster Linie in einem Ausbau der Erzählsituation. Die kommunikative Rahmensituation (Gesine und Marie) und die Hybridisierung der Erzählerstimme (Gesine und »Genosse Schriftsteller«) erlauben es, neben der Vergangenheit auch die Gegenwart, die der Personen wie die des Weltlaufs, in Erzählung und Diskurs einzubeziehen. Dadurch wird die in *Versuch* immer noch in der Luft hängende Erzählsituation in differenziertester Weise ausgestaltet. Der Weg zu *Jahrestage* war der Weg von der objektiven Annalistik der Materialsammlung Johnsons über die subjektive Annalistik als Mnemotechnik Gesines – in *Neuigkeiten* erzähltechnisch brüchig, in *Versuch* stimmig mit der objektiven Annalistik verbunden – zu einer erzählenden und *erzählten* Erinnerungsarbeit über die Tage eines Jahres hin, als tägliches Gedenken an gewesene Jahre.

Blickt man von hier aus zurück zu der Ausgangsfrage, was Johnson 1983 mit seinem Erzählprojekt *Heute Neunzig Jahr* im Sinn gehabt haben mag, außer eine Wette zu gewinnen, so bleibt die Antwort unsicher. Vom angekündigten »Lebenslauf der gesamten Familie Cresspahl«[64] bietet das vollendete Werk *Jahrestage* mehr als der Nachlaßtext, abgesehen von Heinrich Cresspahls Geschichte von 1888 bis 1931, die seine erste Hälfte füllt, und von der Zeit nach 1968, über die beide schweigen. Johnson hat anscheinend mit seiner Notiz für einen Untertitel: »Erinnerungen von Gesine Cresspahl. Nach eigenen Aufzeichnungen/By Herself«[65] dem *Jahrestage*-Spiel mit der Verfasserschaft eine neue Wendung geben wollen: Der beauftragte Genosse Schriftsteller ist gemäß einer gelegentlichen Drohung (IV 1822) verabschiedet, und Gesine nimmt das Erzählen allein, auch ohne die Partnerin Marie, in die Hand. (Sie muß also nach 1968 viel Zeit haben; in einem Prager Gefängnis hätte sie das.) Mit solch einer Wendung ließ sich freilich nicht unsichtbar machen, daß die Erzählform von *Versuch, einen Vater zu finden* in *Jahrestage* aufgehoben ist.

Johnsons Notizen aus New York von 1983 erlauben ebenfalls keine befriedigende Antwort. In ihnen zeichnet sich ein imaginäres Gespräch zwischen dem Autor und Gesine ab, das sich vor allem darum dreht, in welchem Grad alltägliche New-York-Wahrnehmungen sich nach einer Reihe von Jahren ändern können. So ist den Notizen jeweils ein Zeitindex beigefügt: mit Wörtern wie »immer noch« und »nicht mehr«, »früher« und »heutzutage«, »dunnemals« und »jetzt«. Hatte Johnson vor, solche eigenen Beobachtungen von 1983 auf Gesine zu übertragen, die vielleicht erst 1978, also zehn Jahre nach ihrer desaströsen Prag-Reise, wieder nach New York gelangt? Schon in dem Typoskript von 1975 scheint er das Jahr 1968 aus einem »Jetzt« in ein »Damals« korrigiert zu haben. Oder wollte er für den letzten Teil von *Heute Neunzig Jahr* eine ganz neue Erzählsituation schaffen, in der – komplementär zu der im vorhandenen Fragment – nunmehr der einsame »Genosse

[64] Vgl. Anm. 2.
[65] Notizheft »Three in one« (Nov. 1983), S. 20.

Schriftsteller« vergeblich Kontakt mit einer abwesenden Gesine aufzunehmen sucht? Die Notizen geben keine stimmigen Hinweise. Da heißt es einmal: »Wir waren schon öfters unterwegs, Mrs C. suchen [.] ›Wir‹, das ist eine ungefähre Angabe.« Auch eine Gruppe von Verehrern Gesines – *Jahrestage*-Leser als Figuren in *Heute Neunzig Jahr*? – will herausfinden, wo sie sich verborgen halte: »Where are you, Mrs Cresspahl?«[66] *Heute Neunzig Jahr* oder Auf der Suche nach Gesine Cresspahl.

So bleibt allein übrig, wie für die anderen Projekte, die der Autor nach seinem Tod unvollendet hinterlassen hat, auch für dieses den entstehungsgeschichtlichen Zusammenhang aufzuklären, eine möglichst authentische Textform zugänglich zu machen und den jeweiligen literarischen Eigenwert zu erfassen. Dieser läßt sich – über das hier Dargelegte hinaus – genauer abwägen, indem man die spezifische Form historischen Erzählens betrachtet oder die Spannweite zwischen subjektiv-erinnerndem und objektiv-dokumentarischem Erzählen ausmißt.[67] *Versuch, einen Vater zu finden* ist bei aller Verflechtung mit *Jahrestage*, wie sie hier nachgewiesen wurde, ein lesenswerter Text und ein wertvolles Zeugnis des zu früh beendeten erzählerischen Schaffens von Uwe Johnson.

---

66 Uwe Johnson: Notizheft: »Three in One« – Auszug. In: Dimension² 1 (1994), H. 2, S. 284-308.
67 Norbert Mecklenburg: Ein Junge aus dem Dreikaiserjahr. In: N.M.: Die Erzählkunst Uwe Johnsons. *Jahrestage* und andere Prosa, (in Vorbereitung); ders.: Das Poetische in Uwe Johnsons Prosa. Kommentar zu einem Stück aus *Versuch, einen Vater zu finden*. In: Uwe Johnson zwischen Vormoderne und Postmoderne, hg. v. C. Gansel u. N. Riedel, Berlin 1995, S. 1-15; ders.: »Trostloser Ehrgeiz der Faktentreue« oder »trostlose Prämisse der Fiktion«? Uwe Johnsons dokumentarischer Realismus. In: Johnson-Jahrbuch 3, Göttingen 1996, S. 46-67.

Cresspahl-Zeittafel

Diese Liste soll in erster Linie Parallelstellen in *Jahrestage* und *Heute Neunzig Jahr* aufsuchen helfen. Außerdem mag sie der besseren Orientierung in Johnsons Hauptwerk dienen. Bei zeitlichen Unstimmigkeiten zwischen *Jahrestage* und *Heute Neunzig Jahr* ist die Angabe aus *Heute Neunzig Jahr* eingeklammert. Sind Ereignisse in Klammern gesetzt, so kommen sie nur in *Heute Neunzig Jahr* vor. Die Seitenangaben stehen in der Reihenfolge: *Heute Neunzig Jahr/Jahrestage* (mit Bandzahlen I-IV), dazu vereinzelt *Kleines Adreßbuch* (A), *Begleitumstände* (B), *Karsch, und andere Prosa* (K), *Mutmassungen über Jakob* (M), *Neuigkeiten von Cresspahls Tochter* (N).

1888, 10.10.	Heinrich Cresspahl geboren
	7/III 1283
1894	Heinrich kommt zur Schule
	12
1900 (1902)	Konfirmation; Tischlerlehrling in Malchow
	19f./III 1283
1904	Jugendliebe zu Gesine Redebrecht
	24/III 1284
1905-1908	Militärdienst in Güstrow
	26f./II Anh. I
1906, 12.11.	Lisbeth Papenbrock auf Gut Vietsen geboren
	A 80
1908	Gesellenprüfung Cresspahls
	28
1909-1914	Cresspahl als Handwerksgeselle auf Wanderschaft von Mecklenburg bis Norditalien, Rückkehr, Meisterprüfung
	28-32
1914	Kriegsteilnahme, Verwundung, Lazarett in Doberan
	33f.
1917	Ostfront, Unteroffizier
	36f./I 69, II Anh. I
1919	Cresspahl im Arbeiter- und Soldatenrat von Waren
	43/II Anh. I, III 1283, 1286
1920	(Cresspahl mit einem Arbeiterkommando auf Gut Vietsen bei Papenbrock)
	45f./(I 56f., II Anh. IV)

1920 (1924)	Fortgang aus Mecklenburg, Wanderarbeiter in Nordwestdeutschland
	47 ff.
1920-1924 (1924-1926)	Cresspahl in den Niederlanden, Mina Goudelier
	54-57/II Anh. I, III 1284 f.
1922	Austritt aus der SPD
	50/I 198, 375
1925 ff. (1926 ff.)	Cresspahl in England, Gelegenheitsarbeiten
	57-63/II Anh. I
1925 (1928)	Beziehung mit Elizabeth Trowbridge;
	63-67/II Anh. I
1928	Pacht einer Tischlerei in Richmond
	64/I 94 f.
1928	Dietrich Erichson geboren
	III 1144
1928, 25.12.	Jakob Abs in Pommern geboren
	III 1193, M 20, A 13
1931, Aug.	(Schottlandreise mit Elizabeth) Reise nach Mecklenburg zur Hochzeit der Schwester; Begegnung mit Lisbeth Papenbrock
	68/I 17 f.
1931, Aug.	Verlobung Cresspahls mit Lisbeth
	I 72
1931, Sept.	vorbereitende Rückkehr nach London
	I 93-96, II Anh. I f.
	Trennung von Elizabeth
	70
1931, Sept.	Überraschungsbesuch Lisbeths in London
	I 102-106
1931, 31.10.	Trauung Heinrichs und Lisbeths in Jerichow
	71/I 111-115
	gemeinsame Rückkehr nach Richmond
	I 122 ff.
1932, Nov.	Beide erfahren durch Briefe von der politischen Entwicklung in Deutschland
	71 ff./I 158 f., 163 ff., 169 ff.
1932	Lisbeth erlebt Arbeitslosen-Demonstration in London
	I 141
	Schwangerschaft
	79/I 159

1933, Jan.	Lisbeth reist zur Geburt des Kindes nach Jerichow *80/I 182*
1933, 3.3.	Gesine Cresspahl in Jerichow geboren *I 201-206* Cresspahl auf Durchreise in Lübeck vorübergehend verhaftet *81/I 194-201*
1933, 19.3.	Taufe Gesines *I 316 f.*
1933, März	Tod und Beerdigung von Cresspahls Mutter *I 267 f., 279-282*
1933, Ende März	Cresspahl reist nach Richmond, um Haus und Werkstatt aufzulösen *82/I 348-352* nimmt SPD-Flüchtlinge auf *I 375-377*
1933, Juli	Cresspahl erfährt, daß Elizabeth einen Sohn von ihm hat *84/I 381, II Anh. II*
1933	Lisbeths Briefe an Cresspahl verschweigen NS-Vorgehen *84f./I 353-367*
1933, Ende Nov.	Cresspahl kehrt endgültig nach Jerichow zurück *82/I 389 ff.*
1934, Anf.	Cresspahl richtet sich Werkstatt ein *I 409-412* kauft von Arthur Semig Auto *85 f./I 410*
1934	Lisbeth ist depressiv geworden *86/I 415 f.*
1935	Lisbeth lehnt Rückkehr nach England ab *89/I 470, II 512*
1935	(Peter und Martha Niebuhr zu Besuch) Horst Papenbrock bringt (vermeintlichen?) Bruder Robert aus den USA mit *87f./I 473, II 555-559*
1935	Cresspahl nimmt Mitarbeit am Fliegerhorst auf *89/I 468-471* Lisbeth verweigert Cresspahl Kinder *88/I 474 f.*
1935-1938	Cresspahl wird Trinker *88/II 525 f.*

1936	Geschäftlicher Aufschwung von Cresspahls Werkstatt *89/II 497*
1936, Dez.	Lisbeth hat Fehlgeburt *90/II 509-513*
1937, Sommer	Lisbeth läßt Gesine beinahe in der Wassertonne ertrinken *91/I 64 f., II 615-619*
1937	Lisbeth hört Zuggespräch zwischen Warning und Hagemeister, daraus ergibt sich ein Prozeß *91 f./II 571 f., 604 f.*
1937, Dez.	Semigs emigrieren *92/II 623-626*
1938, Frühjahr	Gesine bei Paepckes in Podejuch *93/II 631-635* Pastor Brüshaver möchte Lisbeth vor Selbstmord warnen (Mr. Smith zu Besuch) *93/II 643, 646, 652-657*
1938, Okt.	Cresspahl zu Beerdigung und SPD-Treffen in Lübeck *II 674-678*
1938, 26.10.	Einweihungsfest Fliegerhorst Mariengabe *96/II 701-704* Lisbeth schläft ein letztes Mal mit Cresspahl *97/II 705*
1938, Nov.	Cresspahl nimmt Gesine nach Malchow mit: Treffen mit Gesine Redebrecht *97/II 725-728*
1938, 9.11.	Lisbeth sieht in Gneez die Synagoge brennen, *II 721-725* in Jerichow die Erschießung von Marie Tannebaum und bringt sich in Cresspahls Werkstatt nachts durch Feuer um *98/II 730, 738-744, 747-750*
1938, Nov.	Beerdigung Lisbeths und Verhaftung Brüshavers *98/II 761-768* Cresspahl verreist mit Gesine, vielleicht nach Dänemark und England *98/II 783, 784-788*
1938, Ende	Cresspahl gibt Gesine für ein halbes Jahr zu den Paepckes nach Pommern *99/II 827-830, 836-841*

1939	Cresspahl nimmt Arbeit für britische Abwehr auf *100f./II 809-814*
1939, Aug.	Ferien mit den Paepckes auf dem Fischland *100/II 841*
1940	Cresspahl versucht es nacheinander mit vier Haushälterinnen *105/II 853-856*
1942	Sommerferien Gesines mit Paepckes in Althagen/Fischland; Besuch von Klaus Niebuhr *108/II 878-887* Besuch von Cresspahl *II 884*
1942, Nov.	Letztes Lebenszeichen von Arthur Semig *108/II 893*
1942, Nov.	Gesine hört im Volksempfänger Sondermeldungen *II 895*
1942, Herbst	Horst Papenbrock bei Stalingrad gefallen; Robert als Sonderführer in der Sowjetunion, schickt Slata *II 910 f.*
1943	Gesine bei den Berliner Niebuhrs in Rerik; bei Luftangriff werden Peter und Martha getötet *109/II 928-932*
1943	Gesine zeigt Kenntnis von Beethovens 5. Sinf.: Haussuchung bei Cresspahl *110/II Anh. XVIIf.*
1943, Ende	Gesine als unglückliche Fahrschülerin in Gneez *II 933-937*
1944	Letzte Ferien mit Paepckes *112, 115/II 951-956*
1944/45	Cresspahl macht den Briten Angaben über mecklenburgische Konzentrationslager *II 968*
1945, Jan.	Cresspahl erhält Anweisung, Agentenarbeit abzubrechen *II 984*
1945, Jan.	Dietrich Erichson desertiert *116/III 1148*
1945, März	Tod der Paepckes bei Tieffliegerangriff *116/II 973*
1945, April	Frau Abs und ihr Sohn Jakob ziehen bei Cresspahl als Flüchtlinge ein *118/II 994, 997 f., M 16*

1945, Mai	Die Briten besetzen Jerichow und ernennen Cresspahl zum Bürgermeister *120/II 986 f.*
1945	Gesine erkrankt an Typhus; blamiert sich vor Jakob als schlechte Reiterin *II 994 ff., 997 f.*
1945, Mai	Leichen der KZ-Häftlinge aus Neuengamme werden geborgen *120f./III 1111-1116*
1945, Mai	Tod von Erichsons zwölfjähriger Schwester *III 1150*
1945, 1.7.	Die Sowjets kommen nach Jerichow; Kommandantur gegenüber Cresspahls Haus *II 998-1003* Cresspahl Bürgermeister unter dem Ortskommandanten K.A. Pontij *III 1041-1048*
1945, Juli	Cresspahl organisiert u.a. die erste Ernte im Frieden *III 1098-1106*
1945, Juli	Papenbrock Gutsverwalter in Alt Demwies *124/III 1123-1127*
1945	Zur Erntezeit sieht Gesine viele Typhustote *III 1116-1119*
1945, Aug.	Erwin Plath kommt aus Itzehoe zu Besuch *III 1160-1164*
1945, 22.10.	Cresspahl von den Sowjets abgesetzt, verhaftet und abtransportiert *124/III 1208*
1945, Okt.- 1946, Aug.	Haftzeit in Gneez, Militärtribunal in Schwerin, Wartelager in Südwestmecklenburg *126f./III 1214-1222*
1945, Nov.	Louise Papenbrock wird Gründungsmitglied der Ost-CDU *III 1357, 1369 ff.*
1945, Dez.	Erwin Plath hält SPD-Versammlung in Jerichow ab *III 1359 ff.*
1946, Anf.	Jakob und seine Mutter bleiben in Jerichow *III 1191-1199* Jakob übernimmt Cresspahls Haushalt *125f./III 1230-1238, 1265 ff., IV 1400 ff.*
1946, Ostern	Gesines Gang nach Osterwasser *III 1254 f., K 7-17*

1946, Sommer	Gesine zu Erntearbeit auf dem Schlegelhof; Eifersucht auf Jakobs Freundin Anne-Dörte *127f./III 1269-1278*
1946, Herbst	Gesine lernt als Fahrschülerin die Stadt Gneez kennen *IV 1428-1437*
1946, Dez.	Cresspahl kommt aus Wartelager ins Schweriner Gefängnis und muß erneut Lebenslauf schreiben *III 1283 ff.*
1947, Feb.	Cresspahls Fußmarsch nach Fünfeichen *III 1285 ff.*
1947, März	Gesine ›verrät‹ Cresspahl im Englischunterricht *IV 1454 ff.*
1947, Frühjahr	Gesine hat Tanzstunde in Gneez; führt Tagebuch *IV 1456-1463* weist Robert Papenbrock aus dem Haus *IV 1474-1481*
1947, Sommer	Gesines letzter Besuch auf dem Fischland *IV 1488-1496*
1947, Okt.	Cresspahl in Fluchtgeschichte verwickelt, von deutschen Kapos schwer mißhandelt, erst im Dez. 48 wieder gehfähig *III 1292 ff.*
1948, Mai	Cresspahl kehrt zurück; Gesine wieder froh und freundlich *IV 1510-1516*
1948, Juli-Sept.	Landarbeit Gesines bei Johnny Schlegel *IV 1550-1554*
1948, 1.9.	Anita Gantlik kommt in Gesines Klasse *IV 1605 ff.*
1948, Herbst	Gesines vergeblicher Versuch mit Konfirmandenunterricht *IV 1595-1605*
1949, Jan.	Gesine und Pius Pagenkopf in einer Schulbank: das Paar *IV 1573-1578, 1585-1590*
1949, 24.12.	Weihnachtliche Fritz-Reuter-Aufführung von Gesines Klasse *IV 1631 f.*
1950, Anf.	Klassenlehrer und Rektor Kliefoth wird entlassen *IV 1625-1635*

1950, Frühjahr	Gesine und Pius drei Wochen bei Reichsbahnarbeiten *IV 1588* Dieter Lockenvitz wird ihr enger Freund *IV 1721-1733*
1950 nach Pfingsten	Polizeiverhöre in der Schule wegen regimekritischer Plakate *IV 1669-1680*
1950	Gesine mit Jacht nach Dänemark mitgenommen *IV 1752*
1950/51	Klassenlektüre mit Praktikant Weserich: *Schach von Wuthenow* *IV 1694-1707*
1950, Ende Okt.	Prozeß gegen Mitschüler Sieboldt und Gollantz *IV 1713-1721*
1950, 4.11. (1951)	Der in den Waldheimer Prozessen verurteilte Papenbrock wird hingerichtet *124/IV 1687*
1951, Frühjahr	Pius meldet sich zur Volkspolizei *IV 1758*
1951, Sommer	Gesine und Pius machen Radtour *IV 1589*
1951, Aug.	Aufenthalt Gesines bei Niebuhrs in Wendisch Burg *I 9 f., IV 1753*
1951, Sept.	Schulausflug nach Güstrow (Barlach), Freundschaft Gesines mit Anita befestigt *IV 1820 ff.*
1952, Jan.	Gesine verhaftet und verhört in Zusammenhang mit der Verhaftung von Dieter Lockenvitz *IV 1797 ff.*
1952, 15.5.	Prozeß gegen Lockenvitz vor dem Landgericht Gneez *IV 1801-1805*
1952, 25.6.	Gesine besteht das Abitur in Gneez *IV 1813-1826*
1952, Herbst	Gesine beginnt Anglistikstudium in Halle *IV 1828 ff.*
1953, Anf.	Jakob besucht Gesine in Halle *IV 1834 ff.*
1953, Mai	Gesine bricht Studium in Halle ab und reist über Berlin und Jerichow nach Westberlin zu Anita *IV 1838, 1843 ff.*

1953, Juli	Gesine begegnet im Flüchtlingslager D. Erichson
IV 1853 f.
Flug nach Frankfurt am Main, Verzicht auf Fortsetzung des Studiums, Besuch einer Dolmetscherschule
IV 1855, 1857 ff.
1954, Pfingsten	Kurzreise Gesines nach Ostholstein
IV 1861 f.
1954, Ende	Dolmetscherprüfung
N 104
1955, Frühjahr	Gesine begegnet Jonas Blach in Berlin-Dahlem
M 109 ff., 198 ff.
1955, Herbst	Jakob arbeitet in Olmütz, schreibt Gesine Briefe
IV 1807-1811
1956, Anf.	Gesine arbeitet bei der NATO; Umzug nach Düsseldorf
IV 1864 f., M 10
1956, Frühjahr	Gesine reist mit Jonas Blach nach Taormina
IV 1754, M 124
im Frühherbst dann noch einmal allein
M 210
1956, 17.10.	Jakobs Mutter geht in den Westen
M 34
1956, 23.10.	Illegaler Besuch Gesines bei Cresspahl in Jerichow, Begegnung mit Jonas, Liebe zu Jakob
IV 1866, M 193 ff.
1956, 31.10.	Jakob besucht Gesine in Düsseldorf
IV 1866, M 259 ff.
1956, 8.11.	Tod Jakobs nach Rückkehr in seine Stadt
IV 1867 f., M 298 ff.
1957, 21.7.	Geburt Marie Cresspahls in Düsseldorf
IV 1868
1957, vor Okt.	Besuch Cresspahls in Düsseldorf
IV 1870
1958, April	Erneuter Besuch Cresspahls in Düsseldorf
IV 1868
1958, Spätsommer	Dritter Besuch Cresspahls in Düsseldorf
IV 1869
1958	Gesine beginnt Banklehre in Düsseldorf
IV 1871, B 414
1961, März	Besuch bei Anita in Berlin
IV 1874 f.

1961, 28.4.	Umzug Gesines und Maries nach New York *IV 1874 f., 1877 f.* Wohnung am Riverside Drive *I 26-29*
1962	Gesine wird Angestellte der Chase Manhattan Bank, Beginn der Beziehung (ohne Ehe) mit D.E. *IV 1879 ff.*
1962, 26.9.	Cresspahl stirbt in Jerichow *I 120 f., IV 1875*
1964, Sommer	Gesine und Marie reisen nach Bornholm; Ausflug nach Ostholstein *III 1246-50*
1964, Dez.	Pius verunglückt tödlich *IV 1765*
1965, März	Gesine wird in der Bank Fremdsprachensekretärin *IV 1882*
1965 (?)	Ferien in Italien *IV 1883*
1966 (?), Nov.	Reise mit D.E. nach Richmond und anderen europäischen Orten *I 331 ff.*
1967, 18.4.	Gesine begegnet Uwe Johnson in New York wieder *B 406*
1967, Nov.	Gesine beginnt Tschechisch zu lernen *I 301-304*
1967, 19./20.11.	Cresspahls befreien Karsch aus den Händen der Mafia *I 321-330*
1967, 16.12.	Einladung bei Bankchef de Rosny: Vorbereitung des Prag-Auftrages *I 460-466*
1968, 10.2.	Francine wird von den Cresspahls aufgenommen *II 705-710*
1968, 20.2.	Gesine an Grippe erkrankt *II 750-753*
1968, 5.6.	Marie erschüttert von Robert Kennedys Ermordung *III 1298-1302*
1968, 28.6.	Gesine übersetzt das eben erschienene *Manifest der 2000 Worte* aus dem Tschechischen *IV 1437-1447*
1968, 29.7.	Einbruch bei Cresspahls in New York *IV 1663-1668*

1968, 6.8.	Gesine erfährt vom Tod D.E.s in Finnland *IV 1740 f.*
1968, 12.8.	Gesine und Marie fliegen nach Chicago *IV 1806*
1968, 15.8.	Gesine und Marie machen Flugreise nach Kalifornien *IV 1827*
1968, 19.8.	Gesine und Marie fliegen von New York nach Prag über Kopenhagen *IV 1887*
1968, 20.8.	Treffen mit Kliefoth in Klampenborg bei Kopenhagen *IV 1888-1891*

Inhalt

Uwe Johnson

Heute Neunzig Jahr

7

Norbert Mecklenburg

Nachwort

129

Editorische Hinweise

143

Zur gemeinsamen Entstehung
von *Heute Neunzig Jahr*
und *Jahrestage*
Eine philologische Studie

147

Cresspahl-Zeittafel

194